Presentado a:

_____

Por:

_____

Fecha:

_____

Por motivo de:

_____

VIDA en la Palabra

VIDA en la Palabra

JOYCE MEYER

CASA
CREACIÓN

Devocional Vida en la Palabra por Joyce Meyer
Publicado por Casa Creación
600 Rinehart Road,
Lake Mary, Florida 32746
www.casacreacion.com

Originally published in the U.S.A under the title:
Life in the Word Devotional;
published by Warner Faith
Copyright © 2002 by Joyce Meyer
All rights reserved.

Edición en español, Copyright © 2015
por Casa Creación
Todos los derechos reservados

This edition published by arrangement with FaithWords/
Hachette Book Group, Inc.
New York, New York, USA. All rights reserved.

Traducción y edición: LM Editorial Services,
una compañía de M&L Enterprises Group, LLC
Diseño de la portada: Lisa McClure
Director de diseño: Justin Evans

Visite la página web de la autora: www.joycemeyer.org

Library of Congress Control Number: 2015947429
ISBN: 978-1-62136-952-3
E-book ISBN: 978-1-62998-781-1

Impreso en los Estados Unidos de América
15 16 17 18 19 * 6 5 4 3 2 1

CONTENIDO

La mente y el corazón

La fe y la confianza

La misericordia y el perdón

La obediencia y el servicio

La confianza y la determinación

La guerra espiritual

Caminar en el Espíritu

El matrimonio y la familia

La buena vida

VIDA EN LA PALABRA
POR JOYCE MEYER

*C*UANDO INVIERTES TIEMPO cada día en tu relación con el Padre, obtendrás grandes resultados. En el Devocional *Vida en la Palabra*, la autora de éxitos Joyce Meyer comparte su conocimiento personal y sus escrituras favoritas para fortalecer y animar para que enfrentes tu día. Recupera la energía, anímate y refréscate espiritualmente tomando tiempo para leer estas cortas enseñanzas a medida que aprendes a cómo mantener el gozo y la paz en medio de los obstáculos y las frustraciones.

INTRODUCCIÓN

La vida de Joyce Meyer es un ejemplo de la inmensa capacidad de Dios para realizar su plan en nuestras vidas, a pesar de lo difícil que parezca. En este libro, aprenderás a experimentar el mismo tipo de victoria que Joyce Meyer ha vivido. Mientras lees estos devocionales acerca de una variedad de temas, cosecharás del conocimiento que ella ha obtenido de Dios y de su Palabra, a medida que Él la ha llevado en un peregrinaje de "cenizas" a "belleza".

Joyce enseña que el progreso se logra al hacer constantemente lo que sabemos hacer en Dios. Al leer y aplicar regularmente un devocional a la vez de este libro, Dios usará estas enseñanzas basadas en las Escrituras para revelarse a tu vida. Te mostrará cuanto te ama, y cuánto desea que abras tu corazón para recibir todas las bendiciones que Él tiene para ti.

Dios desea que tengas el tipo de vida que Jesús vino a dar a todos los que creen en Él y que la reciben. Jesús dijo: "Yo he venido para que tengan vida, y para que la tengan en abundancia" (Juan 10:10).

Al tener tiempo con Dios, puedes saber que Él está operando para traer los cambios que tú deseas en tu vida. ¡Comienza a caminar por el camino, en el plan, que Dios tiene para ti hoy!

—Los editores

EL AMOR
y la presencia
de Dios

¡Dios te ama!

*Porque de tal manera amó Dios al mundo, que ha
dado a su Hijo unigénito, para que todo aquel que
en él cree, no se pierda, mas tenga vida eterna.*
—Juan 3:16

JUAN 3:16 NOS dice que Dios amó tanto al mundo que dio a su único Hijo como un sacrificio por él.

¡Dios te ama! Eres especial para Él. Dios no te ama porque eres una persona buena o porque haces todo bien. Él te ama porque Él es amor. El amor no es algo que Dios haga, es algo que Él es. Es su naturaleza.

El amor de Dios es puro, y siempre está fluyendo. No se puede ganar o merecer. Tiene que ser recibido por fe.

En Efesios 3:19, Pablo ora que realmente lleguemos a conocer ese amor. Cuando lo hacemos, somos fortalecidos en nuestro ser interior. Cuando estamos fortalecidos interiormente, las dificultades externas no nos pueden vencer.

A menos que no lo hayas recibido, no puedes compartir ese amor con otros. Deja que Dios te ame. Recibe su amor. Báñate en él. Medita en él. Permite que te fortalezca. Y como resultado, lo podrás dar a otros.

Di esto:

"Dios me ama. Soy especial para Él. Hoy recibo su amor eterno y soy fortalecida en mi ser interior".

Belleza en lugar de ceniza

*...a ordenar que a los afligidos de Sion se
les dé gloria en lugar de ceniza...*
—Isaías 61:3

MILES DE PERSONAS han sido dañadas severamente
en sus vidas. Vienen de relaciones rotas o de experiencias de
abuso, que todavía siguen produciendo frutos malos en sus
personalidades.

Dios quiere enviar el viento del Espíritu Santo a nuestras
vidas (Hechos 2:1-4), para remover las cenizas que han que-
dado del intento de Satanás por destruirnos, y para cambiar
las cenizas por belleza.

El Señor me ha enseñado que el fruto que es constantemente malo viene de raíces malas. No importa cuánto tra-
temos de deshacernos del fruto malo, si las raíces no se sanan,
continuarán dando frutos malos en otro lugar.

Dios nos ha creado para ser amados. Él quiere amarnos;
Él quiere que nos amemos *los unos a los otros*, y que nos
amemos y aceptemos a *nosotros mismos*. Sin este fundamento
de amor y aceptación, no tendremos gozo ni paz.

Algunos de nosotros necesitamos ser trasplantados. Si co-
menzamos en tierra mala, Jesús nos trasplantará para que
echemos raíces y estemos cimentados en su amor, como enseña la Biblia.

Tú sabes que eres de valor, única, amada y especial. Cuando
tienes este cimiento y estas raíces, produces buen fruto.

Pide a Dios que cambie tus cenizas por belleza.

Di esto:

"Yo fui creada para amar. Dios me ama y quiere que yo le ame, que ame a otros, que me ame y acepte a mí misma".

¿Te sientes rechazada?

Todo lo que el padre me da, vendrá a mí; y
al que a mí viene, no le echo fuera.
—JUAN 6:37

DIOS ME DIO un pensamiento para una reunión que estaba preparando. Es para cualquiera que necesite recibirlo:

"Muchos de mis hijos están en prisión porque no se aceptan a sí mismos. Muchos tienen dones y talentos, pero no se expresan porque temen al rechazo. Temen al hombre. Temen a lo que pensará la gente.

"Yo quiero amar a mis hijos, pero se alejan de mí, y no dejan que los ame de verdad, porque otros los han herido. Temen que yo también los vaya a rechazar, como otros lo han hecho, por causa de sus debilidades. Pero jamás los rechazaré.

"*Diles que los amo.*

"Diles que dejen de esforzarse tanto en ser aceptados por mí, y que entiendan, que yo los acepto tal como son. Diles que no quiero un desempeño perfecto de parte de ellos. Simplemente deseo que me amen, y que dejen que yo los ame".

Dios no te rechazará por causa de tus debilidades o errores. Él desea sanarte de las heridas del pasado causadas por el rechazo. Quiere que sepas que nunca te rechazará.

Ora así:

"Padre, te agradezco que me amas. Que siempre me
aceptas y nunca me rechazarás. En el nombre de
Jesús, amén".

El amor es...

*Este mandamiento nuevo les doy: que se amen los
unos a los otros. Así como yo los he amado, también
ustedes deben amarse los unos a los otros.*
—**JUAN 13:34**, NVI

*E*L AMOR CONSTITUYE el nuevo mandamiento que nos
dio Jesús en el nuevo pacto. La senda del amor es un estilo de
vida libertador, porque nos libera de nuestro egoísmo.

El amor es un sacrificio, cuesta. Cada vez que amamos a
alguien, nos cuesta algo. El tiempo, talento, dinero u orgullo,
cualquiera de estos aspectos puede costarte.

Perdonar es amor; perdonar nos cuesta el orgullo.
Nuestra naturaleza humana, nuestra carne, es perezosa y pasiva; siempre quiere beneficios sin esfuerzo. El amor es un
esfuerzo.

Parece que hay una falta de gozo entre el pueblo de Dios;
una de las razones principales es que frecuentemente somos
pasivos, buscando un estilo de vida sin esfuerzo.

El amor significa involucrarse. Es imposible tener una relación verdadera sin involucrarse con otros. Involucrarse requiere un compromiso; el compromiso requiere trabajo; el
trabajo es esfuerzo.

El amor es un esfuerzo; es un esfuerzo caminar en amor.

El amor te involucra con otros; no te aísla. El amor requiere extender la mano. El amor dice "perdóname" primero,
e inicia el intercambio que puede traer la restauración y la
comprensión.

El amor involucra dar con sacrificio. El amor no hace lo
que es correcto simplemente para recibir algo; el amor hace lo
correcto porque es correcto. El amor sana; el amor restaura.

Di esto:

"El amor es el nuevo mandamiento que dio Jesús. Yo camino en amor, y me libera de mi egoísmo. El perdón también es amor, por lo tanto, perdonaré".

Vive detrás del velo

Así que, hermanos, teniendo libertad para entrar en el
Lugar Santísimo por la sangre de Jesucristo, por el camino
nuevo y vivo que él nos abrió a través del velo…
—Hebreos 10:19-20

¡Podemos tener una relación íntima con Dios! Para gozar de la presencia de Dios en nuestras vidas, y para asegurarnos de su presencia, debemos pasar tiempo con Él diariamente, en comunión y creciendo en el conocimiento de Él por medio de su Palabra.

Podemos hacer cosas que nos ayudan a experimentar su presencia, pero también es posible hacer otras que impiden esa bendición. Por ejemplo, si caminamos en la paz y en el amor de Dios, tanto al recibir su amor como permitir que se amor fluya a través de nosotros hacia otros, experimentamos más de su presencia.

A cualquier persona que realmente desea conocerle más, el Señor le mostrará cómo lo puede hacer. Debemos encontrar aquellas cosas que nos acercan a Dios, y ponerlas en práctica.

Podemos ocultar e impedir nuestro sentido de la presencia de Dios cuando seguimos nuestros deseos carnales y nuestros propios planes, sin consultarle a Él, o también cuando nos esforzamos en hacernos aceptables a Él.

Nuestros esfuerzos deben ser más bien orientados a la búsqueda de Dios mismo, tratando de conocerlo más, de escuchar su voz más claramente, y de vivir en obediencia a sus preceptos.

Podemos disfrutar de su presencia o experimentar las presiones del mundo; su presencia o los deseos de la carne.

Podemos gozar de su presencia o sufrir la esclavitud del legalismo religioso.

La vida detrás del velo es maravillosa…¡Entra!

Ora así:

"Padre, deseo tu presencia en mi vida. Enséñame maneras específicas para aprender a conocerte mejor. En el nombre de Jesús, amén".

Busca a Dios

Cuando dijiste: Buscad mi rostro, mi corazón
te respondió: Tu rostro, Señor, buscaré.
—Salmo 27:8, lbla

Si deseamos conocer al Señor de verdad, tenemos que elegir estar donde Él estaría, pensar lo que Él pensaría, ir donde Él iría, y tratar a las personas como Él lo haría.

Tenemos que buscar correctamente. Debemos hacer una evaluación, para ver si estamos buscando realmente a Dios mismo, o si estamos buscando sólo las cosas que Él puede hacer por nosotros. Deberíamos buscar su rostro, ¡y no solamente su mano!

¿Alguna vez has usado mucho tiempo, mucha energía, mucha oración y mucha fe, en un proyecto, para después descubrir que era solamente un pozo seco, y llegar a la triste conclusión de que tienes tanta sed como antes?

Pasé muchos años de mi vida cristiana haciendo un proyecto tras otro, pensando cada vez que sería "el proyecto" que me iba a dejar satisfecha, contenta y feliz. Ahora, por fin he encontrado lo que satisface mi alma: Jesús, el Señor.

Nuestra calidad de vida no consiste en lo que el mundo puede ofrecer, sino en la presencia de Dios, en su voluntad, en conocerlo a Él, y en conocer sus caminos.

> *Haz esto:*
>
> *Haz un inventario: ¿estás buscando a Dios y dando prioridad a sus deseos en cada área de tu vida?*

En su presencia hay plenitud de gozo

En tu presencia hay plenitud de gozo;
delicias a tu diestra para siempre.
—SALMO 16:11

HAY MUCHOS BENEFICIOS maravillosos en el simple hecho de pasar tiempo con Dios. La presencia de Dios está con nosotros todo el tiempo, pero no la reconocemos siempre, y a veces no tomamos el tiempo para estar conscientes de ella.

Parece que hay una gran falta de contentamiento, no solamente en el mundo sino también en el pueblo de Dios. Muchas personas pasan su vida tratando de conseguir cosas, cuando no hay nada que nos mantenga satisfechos excepto Dios mismo.

Cuando alguien está satisfecho interiormente, casi siempre busca algo exterior para satisfacer su hambre. Termina en una búsqueda inútil que no puede llenar el vacío que tiene por dentro.

Hemos escuchado decir que muchas personas pasan su vida subiendo la escalera del éxito, sólo para encontrar cuando llegan, ¡que la escalera descansaba sobre el edificio equivocado!

Cuando mantenemos las prioridades correctas, descubrimos que todo lo que necesitamos en la vida se encuentra en el Señor.

Busca vivir en su presencia. En Él se encuentran el camino de la vida, la plenitud del gozo y la felicidad eterna.

Ora así:

"Señor, te busco porque sé que todo lo que necesito (sanidad, fuerza y consuelo) se encuentra en tu presencia. En el nombre de Jesús, amén".

Estad quietos y conoced que yo soy Dios

Estad quietos, y conoced que yo soy Dios.
—Salmo 46:10

*U*no de los mandamientos más extraordinarios que Dios le da al hombre es: "Estad quietos" (Salmo 46:10).

Nuestra actividad, cuando nace de la carne, en realidad impide que Dios se muestre con fuerza en nuestras vidas.

Esto no significa que seamos pasivos o flojos. Significa que debemos hacer todo lo que Dios nos guíe a hacer, pero sin tratar de ir delante de Él confiando en nuestro propio esfuerzo.

Tenemos que someter nuestras ideas y nuestros planes a Dios, reducir la velocidad, y esperar. Asegúrate de que haya un sentido de paz que acompañe tus planes y tus ideas. Pide al Señor que te muestre su voluntad para tu vida, quédate quieta, y reconoce que Él es Dios.

Si inclinas tu corazón hacia Él en confianza amorosa, Él hará lo que sea necesario hacer.

Dios da lo máximo y lo mejor a quienes confían en Él. Quédate tranquila y permite que Él se manifieste en tu vida con poder.

> *Haz esto:*
>
> *Quédate quieta y reconoce que Él es Dios. Confía en la promesa de que, mientras tú esperas en Él, nunca te fallará ni te decepcionará.*

En Cristo

…y vosotros estáis completos en él, que es la
cabeza de todo principado y potestad.
—COLOSENSES 2:10

UNA DE LAS frases que da más libertad en toda la Biblia es "en Cristo". Por medio de Él todo fue creado, por medio de Él existe todo lo que está ahora, y por medio de Él todo será completamente reconciliado con Dios (Colosenses 1:15-20).

Muchos creyentes tienen una crisis de identidad. Simplemente no saben quiénes son "en Cristo".

Todo lo que somos y todo lo que necesitamos se encuentra "en Él". En Él somos redimidos. En Él estamos completos. Nuestra sabiduría, fuerza, paz y esperanza están en Él. ¡Nuestro todo está en Él!

Jesús se hizo perfecto por nosotros. Nuestra aceptación delante de Dios no está basada en nuestro desempeño, sino en nuestra fe y confianza en el desempeño de Cristo Jesús.

Un *sustituto* es "una persona que toma el lugar de otra".[1] *Identificarse* con alguien significa "relacionarse".[2] Debemos aprender a identificarnos y relacionarnos con Cristo, y aceptar la obra que hizo por nosotros como sustituto.

Cristo vino a abrir las puertas de las cárceles y liberar a los cautivos. ¡La cárcel está abierta! Aquel a quien el Hijo libera es libre en verdad.

Aprende a gozar de la plenitud de vida que Cristo ha provisto para ti. Empieza a confesar y creer en el lugar que tú tienes "en Él", y los sentimientos vendrán después.

Di esto:

"Porque estoy 'en Cristo', soy una criatura nueva. Las cosas viejas han pasado. Todas las cosas son hechas nuevas" (2 Corintios 5:17).

Permanece en Cristo

Si permanecéis en mí, y mis palabras permanecen en vosotros, pedid todo lo que queréis, y os será hecho.
—JUAN 15:7

HAY ALGUNAS PROMESAS extraordinarias en la Palabra de Dios para los que permanecen "en Cristo". Cuando permanecemos en Él, estamos viviendo en Él, habitando en un lugar de protección, y podemos descansar, confiados, dependiendo y descansando en Él y en sus promesas. Cristo es nuestro lugar de descanso, nuestro refugio, un lugar cómodo, por lo que debemos esperar a que Él haga lo que nunca nosotros podríamos hacer.

Mientras permanecemos "en Cristo", nuestra voluntad está unida con la de Él. Sus deseos llegan a ser nuestros; nuestras inquietudes llegan a ser las mismas que las suyas. Llegamos a ser como Él, mientras permanecemos "en Él".

Jesús dijo: "Yo soy la vid, vosotros los pámpanos" (Juan 15:5). Piensa en esa imagen un momento. ¿Cuánto tiempo puede sobrevivir una rama cuando está desconectada de la vid? Los cristianos que han perdido, o parece que no tienen mucha vida o entusiasmo, necesitan pasar más tiempo permaneciendo en la vid.

He aprendido que, cuando empiezo sentirme seca, marchita, con mucha sed, lo que necesito es volver a tener contacto con la vid.

La vida de permanencia en Él es una vida de paz, descanso y fruto. ¡Entra, y permanece allí!

Haz esto:

Pídele al Espíritu Santo que se involucre en todo lo que haces. Él es el Ayudador, y está esperando que se lo pidas.

¿Legalismo o libertad?

Hasta ahora nada habéis pedido en mi nombre; pedid,
y recibiréis, para que vuestro gozo sea cumplido.
—Juan 16:24

DIOS QUIERE QUE la oración produzca gozo.

Cada creyente verdadero quiere tener comunión con Él, hablar con Él y dejar que Él se involucre en cada detalle de su vida. Hay multitudes que pasan sus vidas pensando que *tienen* que orar y, por lo tanto, no se dan cuenta de que ellos *quieren* orar.

Como seres humanos, fuimos creados por Dios para tener libertad, y no para tener legalismo. Debemos ser guiados por el Espíritu Santo, y no por las demandas de la Ley. Si queremos tener gozo en la oración, debemos estar dispuestos a seguir al Espíritu Santo. Él trae diversidad a nuestra vida de oración. Podemos tener comunión con el Señor todo el día, y presentarle distintas peticiones, además de expresar nuestra gratitud y alabanza.

En mi vida personal de oración, hay días en que intercedo; otros días estoy alabando y adorando; otras veces, simplemente disfruto de la presencia de Dios, pasando ese tiempo con Él.

No pongas a Dios en una cajita. Él tiene muchas maneras de guiarte, si permites que Él sea tu guía y tú el seguidor.

Haz esto:

Ten comunión con Dios ahora mismo. Habla con Él,
y deja que Él se involucre en cada detalle de tu vida.

Señor, enséñame a orar

Aconteció que estaba Jesús orando en un lugar, y cuando
terminó, uno de sus discípulos le dijo: Señor, enséñanos a orar...
—Lucas 11:1

$\mathcal{S}$ I VAMOS A pasar tiempo en oración, debemos asegurarnos de que el tiempo sea bien invertido, que nuestras oraciones sean eficaces, y que estemos orando de tal manera que Dios pueda responder. También queremos disfrutar de nuestro tiempo de oración.

Una vida exitosa de oración no se desarrolla de un día para otro, ni tampoco se puede copiar de otra persona. Dios tiene un plan personal para cada uno. No podemos siempre hacer lo que hace otra persona, y esperar que resulte para nosotros. Nuestra vida de oración es progresiva. Avanza mientras avanzamos nosotros, ¡así que ten paciencia!

Con frecuencia, nuestras oraciones son muy vagas, en otras palabras, no son expresadas con claridad. Cuando ores, sé específica con el Señor. Ora con valentía, con expectación, sé directa y clara. Tu Padre celestial te ama, así que no tengas miedo de orar con confianza. El escritor de Hebreos dice que debemos acercarnos al trono de la gracia sin miedo, con confianza, con valentía (Hebreos 4:16).

Si necesitas ayuda en tu vida de oración, sé honesta con Dios. Cuéntale tus necesidades. Él te ayudará si se lo pides. Comienza a decir: "Señor, enséñame a orar".

> *Haz esto:*
>
> *Tu vida de oración debe ser placentera, poderosa y efectiva. Si no lo es, pídele al Señor que te enseñe a orar.*

Una cosa he pedido al Señor

*Una cosa he pedido al Señor, y ésa buscaré: que habite
yo en la casa del Señor todos los días de mi vida...*
—**Salmo 27:4, lbla**

Si estudias este pasaje con cuidado, meditando en él,
y si comparas tus deseos con el deseo del salmista, te darás
cuenta, como lo he hecho yo, de que estás buscando muchas cosas más que "una cosa" a la cual se refiere el salmista.
Imagínate ser lo suficientemente simple como para buscar
una sola cosa, algo tan sencillo y puro como habitar en la
presencia de Dios.

Hay muchas cosas que consideramos necesarias, pero que
en realidad son sólo deseos.

Hace años me propuse buscar la única cosa necesaria en la
vida: la presencia del Señor. No ha sido fácil, pero como resultado de buscar una sola cosa, he tenido las añadiduras que
deseo y necesito: más gozo, una gran paz y mayor estabilidad.

En Lucas 10:41-42, hablando de su presencia, Jesús le dijo
a Marta: "...estás inquieta y preocupada por muchas cosas,
pero sólo una es necesaria" (nvi). Te desafío a unirte conmigo y con miles de personas que han escuchado el llamado
divino para buscar la única cosa que es la más necesaria.

Haz esto:

*Busca al Señor por el privilegio de estar en su
presencia.*

SALUD FÍSICA

y espiritual

Sanidad en el nombre de Jesús

En mi nombre...sobre los enfermos
pondrán sus manos, y sanarán.
—**Marcos 16:17-18**

*H*AY ABUNDANTE PODER en el nombre de Jesús, y se nos ha dado el derecho a usar ese nombre.

Debemos usarlo en fe contra todo tipo de enfermedad, padecimiento y malestar. Deberíamos recordar que el Señor lo ha dado para que pudiéramos caminar en victoria.

Debemos orar en el nombre de Jesús. La oración es nuestra súplica, nuestra petición, y el nombre de Jesús es lo que llama la atención de Dios. Cuando oramos en el nombre de Jesús, estamos presentando al Padre todo lo que es Jesús, y todo lo que Él ha hecho.

A veces, caemos en la trampa de simplemente soportar algún problema físico, en especial si lo tenemos por mucho tiempo. En ocasiones, necesitamos que se nos recuerde que hay sanidad disponible para nosotros.

Si estás enferma, luchando contra algún malestar o alguna enfermedad, te animo a ejercer tu derecho, comprado con sangre, a usar el nombre de Jesús en contra de ella. Cada vez que mencionas ese nombre en fe, se desata el poder divino.

Empieza a ejercer tu derecho a usar el nombre de Jesús contra tus problemas, y confía en el hecho de que perderán algo de su poder en tu contra, cada vez que usas ese nombre.

Ora así:

"Padre, te doy gracias por darme poder para enfrentar cualquier situación en mi vida en el precioso nombre de Jesús, amén".

Victoria sobre las adicciones

*El Señor Dios es mi fortaleza, Él ha hecho mis pies como
los de las ciervas, y por las alturas me hace caminar.*
—HABACUC 3:19, LBLA

*T*IENES ALGUNA ADICCIÓN?

Una adicción es cualquier cosa que te controle, algo que
sientes que necesitas para aliviar el dolor. El dolor puede ser
físico, mental o emocional. Con frecuencia, la adicción es un
intento de esconderse de la realidad, postergar la solución de
los problemas que causan dolor.

Las adicciones no están limitadas al abuso de sustancias
químicas. Excepto por el cigarrillo, ninguna de mis adicciones eran del tipo de sustancias químicas. Era adicta al razonamiento, a la ansiedad, crítica a los demás, los halagos, la
autocompasión, poner mala cara, al control y al trabajo.

Cuando me di cuenta que tenía estas adicciones, decidí
romperlas y disciplinarme. Todo iba muy bien hasta que
sentí el dolor. Si no hubiera tenido la fuerza interior que el
Señor me dio para resistir el dolor, habría cedido otra vez a
las adicciones, que habrían aliviado el dolor pero darían comienzo al mismo ciclo de nuevo.

Dios no solamente desea *darte* fuerzas, Él quiere *ser* tu
fuerza. Deja que te ayude a romper tus adicciones.

Haz esto:

*Decide hoy, que tu adicción será Jesús y sus preceptos, y
todas las otras adicciones desaparecerán, una por una.*

Deja el pasado atrás

...olvidando ciertamente lo que queda atrás, y
extendiéndome a lo que está delante...
—**Filipenses 3:13**

La misericordia de Dios es nueva cada mañana (Lamentaciones 3:22-23). Cada día podemos encontrar un lugar fresco para empezar.

Me gusta la manera en que Dios ha dividido los días y las noches. Me parece que no importa cuán difícil o problemático pueda ser un día en particular, el amanecer trae nueva esperanza. Dios quiere que regularmente pongamos el pasado atrás y hagamos lugar para un nuevo comienzo.

Quizás estés atrapada en algún pecado, y aunque te hayas arrepentido, todavía te sientes culpable. Puedes estar segura de que el arrepentimiento sincero trae un nuevo y fresco comienzo. Primera de Juan 1:9 promete una limpieza profunda si confiesas tus pecados.

Una vez que entiendes la gran misericordia de Dios, y comienzas a recibirla, estarás más dispuesta a mostrar misericordia a otros. Posiblemente te duela una herida emocional. La mejor manera de dejar el pasado atrás es perdonar a la persona que te hirió. El perdón siempre significa dejar el pasado atrás.

Dios tiene nuevas cosas en el horizonte de tu vida, pero nunca las verás si vives y revives el pasado. El hecho de seguir pensando y hablando de esto te mantiene atrapada.

Cada día es un nuevo día. No malgastes el presente viviendo en el pasado.

Di esto:

"Hoy es un nuevo día, sus misericordias son nuevas. Dejaré el pasado atrás. El ayer ya pasó. Hoy es un nuevo comienzo".

Un corazón perfecto

Sed, pues, vosotros perfectos, como vuestro
Padre que está en los cielos es perfecto.
—MATEO 5:48

S E NOS MANDA a ser perfectos, y cuando Dios exige algo, Él pone el deseo en el corazón para alcanzarlo. Sin embargo, este deseo de ser perfectos puede causar mucha frustración.

La perfección es un proceso que se desarrolla en nuestra vida, mientras cambiamos de un grado de gloria a otro. Hay grados de perfección. Podemos ser casi perfectos en un área, y muy imperfectos en otra.

Cuando entregamos nuestra voluntad a Dios, tenemos un corazón perfecto. Pero aún en ese momento, todavía tenemos fallas, debilidades, malos hábitos e imperfecciones.

El Señor nos acepta tal como somos, y nos considera perfectos, mientras estamos en el camino hacia la perfección.

Si has entregado tu voluntad a Dios, este es el primer paso. Ahora tienes un corazón perfecto, y el proceso ha comenzado.

No estás sola en tu peregrinaje de gloria en gloria. Pablo dijo en Filipenses 3:12-13 que quería ser perfecto, pero que no había llegado. Seguía adelante hacia la meta. Sabía que si su corazón estaba bien encaminado (si tenía un corazón perfecto), eso era todo lo que Dios pedía.

Di esto:

"Con la ayuda de Dios, seguiré adelante hacia la perfección. Estoy creciendo en madurez, carácter, integridad y santidad".

La vida del reino

Mas buscad primeramente el reino de Dios y su
justicia, y todas estas cosas os serán añadidas.
—Mateo 6:33

COMO HIJOS DE Dios, es nuestro privilegio vivir en su reino. ¿Qué es el reino de Dios?

Según Romanos 14:17, es justicia, paz y gozo en el Espíritu Santo. Podemos ganar todo en el mundo, pero sin justicia, paz y gozo, ¡no tenemos nada!

Muchas personas que no tienen a Cristo han alcanzado muchas cosas, pero hay áreas en su vida que no están satisfechas. La satisfacción interior es lo que el Señor desea dar.

Jesús quiere que sepamos que estamos bien con Dios por causa de lo que Él ha hecho por nosotros. Quiere que tengamos paz y gozo en medio de las tribulaciones. Sólo Él puede darnos eso. Las cosas nunca pueden producir gozo duradero por sí solas.

Cuando estás bien interiormente, las cosas externas no importan tanto. Cuando no significan tanto para nosotros, Dios puede darnos más de ellas. Cuando mantenemos la mirada en el reino de Dios, en Él, en su justicia, su paz y su gozo, el resto será añadido en abundancia.

Aprende a vivir realmente el reino de Dios.

Di esto:

"Porque estoy buscando el reino de Dios y su justicia, Él me añade todas las cosas que necesito para vivir en su paz y en su gozo".

Reposada, refrescada, revivida, restaurada y renovada

Venid a mí todos los que estáis trabajados y cargados, y yo os haré descansar.
—MATEO 11:28

*C*UANDO NOS AGOTAMOS y nos sobrecargamos a tal punto que sentimos que no podemos soportarlo más, ¿qué podemos hacer? Jesús dijo: "Venid a mí…", pero, ¿qué debemos hacer cuando venimos a Él? ¡Debemos venir a *recibir*!

Si pedimos y pedimos, y seguimos pidiendo, pero nunca recibimos, entonces nos frustramos. Jesús quiere que tengamos gozo.

Una de las razones principales por las cuales no recibimos es porque lo que ha sido provisto para nosotros es gratis, y seguimos tratando de merecerlo. Jesús ya pagó el precio.

El nuevo pacto está relacionado con la gracia. Está basado en la bondad de Dios y la obra que Cristo ya ha cumplido, no por nuestros propios méritos o nuestras buenas obras.

Adquirir significa "obtener algo como resultado de una acción o esfuerzo".[1] *Recibir* significa "tomar u obtener algo que le dan, le ofrecen o le envían…".[2] Cuando *adquirimos* algo, lo obtenemos con lucha y esfuerzo. Cuando *recibimos* algo, lo obtenemos cuando actuamos como un receptor, tomando lo que la otra persona nos ofrece.

Recibe lo que Jesús te da. Ven a su presencia para que bebas de su perdón, amor, misericordia y gracia.

Todo lo que necesitas ya está disponible, ¡empieza a recibir!

Haz esto:

Entra en el descanso de Dios y recibe lo que ya ha sido derramado. Estarás reposada, refrescada, revivida, restaurada y renovada.

LAS

emociones

Entiende tus emociones

Mirad, pues, con diligencia como andéis, no
como necios sino como sabios.
—Efesios 5:15

Las emociones y los sentimientos son parte del alma, dados por Dios a nosotros. Una vida sin sentimientos sería muy seca y aburrida. Pero si dejamos que los sentimientos nos controlen, pueden ser muy peligrosos y hacernos muy infelices.

Lo que sea que Dios nos da para disfrutar, Satanás tratará de usarlo en contra nuestra. Dios nos ha dado sentimientos para ser una bendición para otros en el reino, pero Satanás trata de usarlos para causar sufrimiento. Quiere que tomemos todas nuestras decisiones basadas en los sentimientos, y que dejemos que éstos nos gobiernen.

Los sentimientos llegan a ser peligrosos y dolorosos, cuando no entendemos que podemos decidir si les permitimos o no que nos gobiernen. ¿Cuántas veces sentimos que alguien nos ha ofendido? Podemos decidir si vamos a sentirnos ofendidos o no.

Caminar según nuestras emociones significa hacer lo que queremos ahora, lo que nos hace sentir bien en el momento. Nuestro futuro es afectado por las decisiones que tomamos hoy.

Haz que tus emociones te sirvan, no pases tu vida sirviéndoles a ellas. Decide hoy manejar tus emociones en vez de dejar que ella te maneje a ti.

Di esto:

"Yo he determinado que voy a manejar mis emociones. Haré que ellas me sirvan. No pasaré el resto de mi vida sirviéndoles".

Morir para vivir

...pero los afanes de este siglo, y el engaño de las
riquezas, y las codicias de otras cosas, entran y
ahogan la palabra, y se hace infructuosa.
—**MARCOS 4:19**

PARA VIVIR LA "vida espiritual", tenemos que estar dispuestos a morir a la "vida mundanal".

Una de las razones principales que impide que la gente esté arraigada en la Palabra de Dios es que están fuertemente aferrados a este mundo. Quieren vivir la vida del Espíritu, pero no están dispuestos a deshacerse de las influencias del mundo.

Hay una vida que es bien superior a cualquier cosa que ofrezca el mundo que no tiene comparación, pero tenemos que morir a nuestro ego y a todas sus exigencias para poderla experimentar. Tenemos que morir a nuestras propias maneras de ser y hacer, las maneras carnales de manejar las situaciones. Tenemos que morir también a nuestros propios pensamientos y a nuestra forma de hablar tan superficial, egoísta y conflictiva. Tenemos que aprender a vivir más allá de nuestros sentimientos.

La "conclusión" es que Dios persigue la carne sin descansar, y está decidido a liberarnos de su control. Tenemos que morir para vivir, pero es algo positivo.

Atrévete a morir para que vivas.

Haz esto:

Determina que vas a morir a ti misma y a las cosas
de la carne, para vivir la vida espiritual que Dios te
ha preparado.

Combate el miedo con la oración

La oración eficaz del justo puede mucho.
—**Santiago 5:16**

*E*L MIEDO ATACA a todos. Es una de las formas en que Satanás nos atormenta y nos impide seguir adelante, usando de la vida que Jesús quiso darnos con su muerte.

Los temores no son reales, sino que son convencimientos falsos que parecen verdaderos. Pero si aceptamos los temores que Satanás nos ofrece, y les hacemos caso, abrimos la puerta al enemigo y cerramos la puerta a Dios.

La fe se desata a través de la oración, lo cual resulta en un tremendo poder dinámico en acción.

Satanás trata de debilitarnos con el miedo, pero Dios nos fortalece mientras estamos en comunión con Él en oración.

La Biblia nos enseña a vigilar y orar (Mateo 26:41). Creo que el punto principal en este pasaje es que debemos vigilarnos a nosotras mismas y los ataques que lanza al enemigo contra nuestras mentes y emociones. Cuando detectamos estos ataques, debemos orar inmediatamente. Podríamos pensar que el ataque desaparecerá, pero debemos recordar que es cuando oramos que el poder se libera en contra del enemigo, y no cuando pensamos que debemos orar más adelante.

Ora por todo y no tengas miedo de nada. Creo que encontrarás que esta decisión traerá más gozo y paz a tu vida diaria.

Haz esto:

Recuerda que el temor es simplemente un convencimiento falso que parece verdadero. Cuando el temor toque a tu puerta, deja que conteste la fe.

¡No temeré!

Porque no nos ha dado Dios espíritu de cobardía,
sino de poder, de amor y de dominio propio.
—2 Timoteo 1:7

*E*L TEMOR LE roba la fe a mucha gente.

El temor al fracaso, al hombre, y al rechazo, son algunos de los temores más fuertes empleados por Satanás para impedir nuestro progreso. Pero no importa qué tipo de miedo el enemigo nos envíe, lo importante es superarlo. Cuando nos enfrentemos al temor, no debemos ceder a él. Es imperativo para nuestra victoria que determinemos: "¡No temeré!".

La reacción normal al temor es huir. Satanás quiere que corramos; Dios quiere que nos quedemos quietos, y veamos su liberación.

Por causa del temor, muchas personas no enfrentan los problemas; pasan su vida huyendo. Tenemos que aprender a defender nuestro territorio y enfrentar el temor, confiados en el conocimiento de que somos más que vencedores (Romanos 8:37).

El temor al fracaso atormenta a multitud de personas. Tememos a lo que los demás pensarán de nosotros si fracasamos. Si damos el paso y fracasamos, algunos lo sabrán; pero pronto se olvidarán si nosotros lo olvidamos y seguimos adelante. Es mejor intentar algo y fracasar que no intentar nada y esperar a tener éxito.

Vive tu vida con valentía. El Espíritu del Señor está en ti, así que decide no hacerle caso al miedo.

Haz esto:

Enfrenta cualquier temor que tengas. Decide en tu corazón que el temor no gobernará tu vida. Comienza a decir hoy: "¡No temeré!".

El espíritu de miedo

Pero sin fe es imposible agradar a Dios; porque es
necesario que el que se acerca a Dios crea que le
hay, y que es galardonador de los que le buscan.
—**HEBREOS 11:6**

*E*L MIEDO ES un pariente cercano del temor. Tanto el miedo como el temor manifiestan claramente que no estamos operando con fe, que es la única manera de agradar a Dios.

El temor frecuentemente nos impide seguir adelante y hacer lo que deseamos. El miedo nos quita la paz y el gozo del "momento", porque tenemos una actitud negativa hacia lo que vamos hacer, aunque no quisiéramos sentirnos así.

El hecho de entender que Dios siempre nos capacita para todo lo que tenemos que hacer nos traerá la liberación del espíritu de miedo. No tenemos que sentir miedo acerca de cosas nuevas, desafíos, o incluso acerca de cosas desagradables.

Podemos enfrentar la vida con una actitud de confianza, sabiendo que donde sea que Dios nos guíe, también hará la provisión. Dios nos da la gracia suficiente para cada día, tal como proveía maná para los israelitas un día a la vez.

Cada vez que te des cuenta de que sientes miedo acerca de algo, decide dejar de lado el miedo y cree que puedes hacer con gozo todo lo que tengas que hacer porque Dios está contigo.

Di esto:

"Yo me niego a sentir miedo. Decido recibir la gracia
de Dios para realizar todo lo que tengo que hacer hoy".

El espíritu de ofensa

Sobre toda cosa guardada, guarda tu
corazón; porque de él mana la vida.
—**PROVERBIOS 4:23**

*E*L ESPÍRITU DE ofensa envenena la vida y las actitudes. Según el *Diccionario expositivo de palabras del Antiguo y Nuevo Testamento exhaustivo Vine*, la palabra *ofensa* se deriva de una palabra griega, *skandalon*, que originalmente se refería a 'la parte de una trampa donde se enganchaba la carnada, y por consiguiente, la trampa o el anzuelo mismos.[1] Era la parte de la trampa que atraía al animal y lo capturaba.

Frecuentemente vemos que Satanás utiliza la ofensa para enredar a la gente en casos serios de amargura, resentimiento y falta de perdón. Satanás utiliza la ofensa para hacernos caer y para que dejemos de seguir adelante con Dios.

La tentación de sentirse ofendidos es una trampa que debe evitarse como una plaga. Así como no tomaríamos veneno, no debemos aceptar las ofensas. Si queremos ser campeones para Dios, entonces no debemos sentirnos ofendidos tan fácilmente.

Muchas personas nunca llegan a ser lo que Dios quiere, porque se ofenden con facilidad. Se llenan de amargura. La ofensa llega ser una piedra de tropiezo, y no avanzan más allá de ese punto. Ellas pierden, y Satanás gana.

Nadie te puede hacer daño permanente si eres lo suficiente madura para rehusar la ofensa y confiar en Dios. Esta actitud hará de ti una ganadora en la vida.

> *Di esto:*
>
> *"Guardaré mi corazón contra el espíritu de ofensa,*
> *y no permitiré que entre en mi vida de ninguna*
> *manera".*

La contienda

Porque el siervo del Señor no debe ser contencioso.
—2 Timoteo 2:24

LA CONTIENDA ES un ladrón que debemos aprender a reconocer y a manejar inmediatamente. Es necesario controlarla antes que nos controle a nosotros.

La contienda se define como "el acto o estado de pelear o discutir, especialmente cuando la discordia se torna en rencor".[1] De acuerdo al *Diccionario Clave* ser *contencioso* se "refiere a una persona o a su carácter, que acostumbra a contradecir todo lo que otros opinan".[2] Una persona así es pendenciera, discute acaloradamente y produce discordia. Unas veces la discordia es abierta, otras es una corriente de rabia debajo de la superficie. La contienda es peligrosa. Es una fuerza satánica enviada para destruir.

La Biblia dice que debemos resistir al diablo firmemente (1 Pedro 5:8-9). Cuando alguien nos hiere o nos ofende, el enojo empieza surgir. No es un pecado enojarse. Pero tenemos que manejar los sentimientos de enojo adecuadamente. No debemos ser rencorosos, o ceder a la amargura, el resentimiento, o la falta de perdón. Efesios 4:26 dice que no debemos dejar que "el sol se ponga sobre vuestro enojo".

Una actitud de juicio es una puerta abierta para la contienda. Debemos recordar que "la misericordia triunfa sobre el juicio" (Santiago 2:13, LBLA). El juzgar a los demás, por lo general, lleva a los chismes. El chisme empieza a diseminar la contienda de una persona a otra. Nos despoja del acuerdo, la armonía y la unidad. En realidad, no saca del área de las bendiciones de Dios.

Cuando viene la tentación de juzgar a otros, y luego

compartir nuestra opinión mediante los chismes y las murmuraciones, debemos recordar esta enseñanza: "Aquel de ustedes que esté libre de pecado, que tire la primera piedra" (Juan 8:7, NVI).

Recuerda: Dios cambia las cosas a través de la oración y la fe, no a través de nuestras opiniones y chismes.

> *Haz esto:*
>
> *De vez en cuando, lee Romanos, capítulo 14, para que te acuerdes que todos tenemos distintas ideas, opiniones y maneras de hacer las cosas.*

Por nada estés ansiosa

...echando toda vuestra ansiedad sobre
él, porque él tiene cuidado de vosotros.
—1 Pedro 5:7

¿*H*AS ESTADO ANSIOSA por algo en los últimos días?
La ansiedad nos atormenta y es absolutamente inútil. En el mundo natural, hay causas más que suficientes de preocupación, pero las buenas noticias son que, como creyentes, no tenemos que vivir en el mundo natural. Tenemos el privilegio de echar todas nuestras ansiedades sobre el Señor.

La palabras *echar* significa arrojar, tirar o soltar.[1] Podemos arrojar o soltar nuestras preocupaciones sobre Dios, porque Él nos cuida. La semilla que sembramos es el cuidado de nosotros mismos, y el fruto que cosechamos es el cuidado de Dios por nosotros.

El hecho de rehusar estar ansiosa demuestra que estamos confiando en el Señor. Podemos decir que estamos confiando en el Señor, pero las acciones hablan, en muchos casos, más fuerte que las palabras.

Nuestro Padre celestial ha prometido cuidarnos. Dios está por nosotros, con nosotros, debajo de nosotros, sosteniéndonos, alrededor de nosotros y vigilando sobre nosotros. En otras palabras, ¡Dios nos tiene cubiertos! Es nuestro escudo, nuestro amparo, nuestra fortaleza, nuestra torre fuerte, nuestro alto refugio y nuestra roca firme.

¡Por nada estés ansiosa, eres demasiado inteligente para pasar tu vida ansiosa!

> Haz esto:
> Decide echar todas tus ansiedades sobre el Señor, y empieza a ver cómo Él te cuida.

¿Tienes comunión con tu problema o con Dios?

...puestos los ojos en Jesús, el autor y consumador de la fe...
—Hebreos 12:2

¿Tienes comunión con tu problema o con Dios?

El diablo quiere que pensemos en nuestro problema, que nos preocupemos, que hablemos y razonemos, buscando una solución al mismo. Pero Dios desea que pasemos tiempo con Él, hablando con Él, pensando en Él y en su Palabra.

Es en Jesús en quien debemos fijar la vista para suplir nuestras necesidades. Si meditamos en Él, nuestro problema no tiene poder sobre nosotros; pero si meditamos en el problema, lo agrandamos por encima de Él. Cuanta más atención le prestamos al problema, más lo alimentamos, y más poder tiene sobre nosotros.

Recuerdo cuando mi esposo y yo teníamos problemas económicos. Le entregaba a Dave el informe negativo, y él me ministraba la Palabra, diciendo que echara mis ansiedades sobre el Señor. Él tenía comunión con Dios, mientras yo tenía comunión con el problema. Cuanto más él lo hacía, más irritada me ponía.

El diablo comienza con el problema como una bola de nieve que empieza a rodar. Cuanto más te preocupas, piensas, hablas, planificas y diseñas soluciones en tu mente, más grande se hace el problema. Si miras a Jesús, experimentarás el poder milagroso de Dios, mientras confías en Él.

> *Haz esto:*
>
> *Olvídate de tus problemas. No pienses, ni te preocupes ni hables acerca de ellos. En vez de hacer eso, ten comunión con Dios, y gozarás de la vida en abundancia.*

¿Te tiene atrapada el estrés?

En el mundo tendréis aflicción; pero
confiad, yo he vencido al mundo.
—Juan 16:33

*E*L ESTRÉS ESTÁ aumentando en el mundo de hoy. Las buenas noticias son que, aunque los cristianos estamos en el mundo, no somos del mundo (Juan 17:11, 14). No tenemos que funcionar de acuerdo con el sistema del mundo (pensar, hablar o actuar como el mundo), y no lo debemos hacer. De hecho, nuestra actitud y nuestro enfoque acerca de las situaciones de la vida deben ser muy distintos a los del mundo.

La fuente de nuestro estrés no son nuestras dificultades, circunstancias y situaciones, sino nuestra actitud y nuestro enfoque acerca de ellas.

Jesús dijo que las dificultades vendrían, pero no tienen que afligirnos. No debemos aceptar el estrés que nos ofrecen. Tenemos el privilegio de mirar los desafíos de la vida diaria desde una perspectiva calmada y tranquila.

Creo que podemos vivir libres del estrés en un mundo estresante, pero eso requiere de ciertas decisiones, posiblemente algunas radicales.

Permite que el Espíritu de Dios te guíe desde una vida caracterizada por el estrés a una vida de paz y gozo. Cambia tu actitud y enfoque, y Dios cambiará tus circunstancias en el tiempo debido.

Di esto:

"Decido recibir la gracia de Dios hoy para ayudarme
a vivir libre del estrés, aún en medio de un mundo
lleno de estrés".

¿Qué logra la culpa?

Ahora, pues, ninguna condenación hay para
los que están en Cristo Jesús, los que no andan
conforme a la carne, sino conforme al Espíritu.
—Romanos 8:1

La culpa y la condenación son problemas mayores para muchos creyentes.

El mayor deleite de Satanás es cuando puede hacernos sentir mal acerca de nosotros mismos. Nunca nos dice cuán lejos hemos llegado, sino que solo nos recuerda cuánto nos falta todavía.

Cuando el enemigo me ataca, digo: "No estoy donde debo estar, pero gracias a Dios que no estoy donde estaba antes. Estoy bien, y estoy avanzando".

Como David, tenemos que aprender a animarnos en el Señor (1 Samuel 30:6). Nadie ha llegado al estado de perfección. No podemos perfeccionarnos a nosotros mismos; la santificación (santidad) es trabajo del Espíritu Santo, y se desenvuelve en nuestras vidas como un proceso.

La Biblia enseña que podemos tener el perdón completo de nuestros pecados (libertad total de la condenación) por la sangre de Jesucristo. Tenemos que decidir si Jesús hizo la obra completa o no. No tenemos que añadir nuestra culpa a su sacrificio. Él es más que suficiente.

Permítele a Jesús hacer su obra en ti. Él quiere perdonarte. Solamente tienes que recibir su perdón. ¡El perdón total es completamente gratis!

Di esto:

"No estoy donde necesito estar, pero gracias a Dios no estoy donde estaba antes. Estoy bien, y estoy avanzando".

Ánimo para la solitaria

…porque Dios ha dicho: "Nunca te dejaré; jamás te abandonaré."
—Hebreos 13:5, nvi

$\mathcal{M}$ UCHAS PERSONAS SE sienten solas, muy a menudo, son aquellas que tienen mucha gente alrededor. La muerte de un ser querido puede hacer que una persona se sienta sola, confundida y abandonada.

Tus circunstancias no tienen que ser tan severas para que experimentes la soledad. Quizás te has mudado a un nuevo vecindario, o empezado a asistir a una escuela nueva, o tal vez comenzaste un nuevo trabajo, y simplemente no te has podido integrar todavía.

Yo sé lo que es sentirse sola. La "pobreza social" está bajo la maldición. Pero el hecho de aprender a quererme a mí misma y a orar por el favor de Dios ha cambiado mis relaciones interpersonales, y cambiará las tuyas también.

Te animo a orar por el favor de Dios. También te animo a que seas amistosa. No esperes que alguien simplemente llegue a tu vida para tener compañerismo. Ten cuidado de no ser demasiado pasiva. Involúcrate. La generosidad siempre trae gozo.

Acuérdate de Jesús cuando oró en el huerto de Getsemaní. Todos sus amigos le habían decepcionado. Él los necesitó una sola hora, y le habían defraudado, quedándose dormidos (Mateo 26:36-43).

Con toda certeza, el Señor sabe cómo te sientes, y ha prometido que no te abandonará ni te desamparará (Hebreos 13:5), para que puedas ser fortalecida y seguir adelante.

Haz esto:

Si te sientes sola, empieza a extender tus brazos hacia los demás. Al pensar en otros, estás sembrando la semilla para vencer tu propia soledad.

¿Qué debo hacer cuando estoy herida?

*Si había algo que perdonar, lo he perdonado por consideración
a ustedes en presencia de Cristo, para que Satanás no se
aproveche de nosotros, pues no ignoramos sus artimañas.*
—2 Corintios 2:10-11, nvi

La mayoría de las personas saben cómo es sentirse emocionalmente herido. Las heridas emocionales vienen de varias fuentes. Satanás es el origen de ellas, y él utiliza situaciones y a personas para herirnos, por dos motivos principales.

Primero, él disfruta de la destrucción. Quiere construir una represa hecha de heridas emocionales en nuestras vidas.

Segundo, él quiere controlar nuestros sentimientos. El diablo sabe que cuando somos heridos emocionalmente, actuamos de forma emocional. Si él puede herir nuestros sentimientos y hacer que reaccionemos, nos podrá separar de las muchas bendiciones de Dios.

No podemos esperar que nunca seamos heridos. Pero podemos aprender a controlar nuestras reacciones a las heridas. Debemos esperar ser vencedoras y no víctimas.

Hay algunas cosas que Dios me ha mostrado que es necesario hacer para evitar las artimañas del diablo:

Primero, busca al Espíritu Santo, y no corras a otras personas. Segundo, permanece estable en los tiempos difíciles. Tercero, acuérdate de que Dios es nuestro vindicador; Él asegurará que seas recompensada por tu dolor y pérdida.

Si estás herida, te exhorto a que no caigas en la trampa de Satanás; sé vencedora, no víctima.

Ora así:

"Padre, cuando me sienta herida, correré a ti. Tú eres el único que me puedes consolar. En el nombre de Jesús, amén".

Controla tus emociones

Sed sobrios, y velad...firmes en la fe.
—1 Pedro 5:8-9

*U*na persona emocional es alguien que es fácilmente afectada o movida por las emociones. Su conducta se gobierna por las emociones más que por la razón. Una persona que vive por las emociones vive sin principios.

Todos tenemos emociones, y no van a desaparecer, pero no podemos confiar en ellas. Debemos buscar a Dios para que nos ayude a controlar las emociones y no dejar que ellas nos controlen a nosotros.

Fuimos creadas para vivir de acuerdo con el fruto del dominio propio. El dominio propio es libertad, no una esclavitud. Debemos usar la sabiduría, libres para obedecer a Dios y para seguir la dirección del Espíritu Santo. No somos libres para ser empujadas por los sentimientos. No tenemos que hacer lo que sentimos; somos libres para hacer lo que es sabio.

Sé honesta contigo misma en esta área. Si crees que no estás manejando bien tus emociones, empieza a orar, buscando a Dios para obtener la madurez emocional. Recuerda:

1. El que vive por las emociones vive sin principios.

2. Todos tenemos emociones, pero no podemos confiar en ellas.

3. No podemos ser espirituales, caminando en el Espíritu, y a la misma vez guiados por las emociones.

4. Las emociones no desaparecerán, pero podemos aprender a manejarlas.

Haz que la madurez emocional sea una meta prioritaria en tu vida.

Di esto:

"Soy equilibrada, moderada y sobria de pensamientos. Estoy arraigada, establecida, fuerte, inamovible y decidida. Soy emocionalmente madura".

La mente

y el corazón

La vida interna

*"...vuestro adorno no sea externo:..., sino que sea el
yo interno, con el adorno incorruptible de un espíritu
tierno y sereno, lo cual es precioso delante de Dios".*
—1 PEDRO 3:3-4, LBLA

NUESTRA VIDA TIENE dos áreas: la externa y la interna.
El aspecto externo tiene que ver con nuestra reputación
frente a otras personas; el interno refleja nuestra reputación
con Dios.

Tenemos que prestar más atención a lo que sucede dentro
de nosotros. Los pensamientos, las actitudes, los motivos y
los deseos, todas estas cosas son importantes para el Señor.

Según Dios, la persona interna es la verdadera. Un cristiano realmente poderoso es uno que tiene el corazón puro,
dedicado por completo a Dios.

Nuestra vida interna consiste de nuestra alma y nuestro
espíritu. Nuestro espíritu humano es habitado por el Espíritu Santo al nacer de nuevo. La voluntad de Dios y su deseo
para nosotras es que deseemos al Espíritu Santo y le permi-
tamos habitar en nuestro interior también.

Nuestra alma consiste de nuestra mente, nuestras emociones y nuestra voluntad. El Espíritu Santo, unido a nuestro
espíritu, ejecuta las funciones de la conciencia, la intuición y
la comunión con Dios.

Debemos cooperar con Dios para permitir que el soplo
de vida divina, que impartió a nuestro espíritu cuando nos
salvó, haga morada permanente en nuestro ser interior por
completo.

Te desafío a ser responsable de tu vida interna.

Ora así:

"Señor, te pido que te hagas dueño de mi ser interior por completo, tanto de mi alma como de mi espíritu. En el nombre de Jesús, amén".

Tú eres propiedad privada, ¡reservada sólo para Dios!

*…derribando argumentos y toda altivez que se levanta
contra el conocimiento de Dios, y llevando cautivo
todo pensamiento a la obediencia a Cristo…*
—2 Corintios 10:5

*S*i vamos a glorificar a Dios, tenemos que manifestar excelencia. Una vida de excelencia empieza con pensamientos y actitudes excelentes.

Todo fruto tiene una raíz. La raíz de nuestras acciones son nuestros pensamientos. Las palabras vienen de los pensamientos. Las actitudes comienzan con los pensamientos, y las emociones o estados de ánimo tienen su raíz en ellos.

Escoger la excelencia en aquello que ocupa nuestros pensamientos es algo privado. Nadie, excepto Dios y el individuo, sabe exactamente lo que sucede en su mente. Yo lo llamo "pureza interna". A los cristianos les debe entusiasmar buscar la pureza interna.

En 2 Corintios 10:5, el apóstol Pablo nos enseña a derribar todos los pensamientos que no están de acuerdo con la Palabra de Dios. Está diciendo, en esencia, "mantengan sus mentes reservadas solamente para los pensamientos de Dios (su Palabra)".

Dios desea la verdad en lo íntimo (Salmo 51:6). Te animo a empezar a prestar atención a tu vida de pensamientos. Tus palabras, tus estados emocionales y tus actitudes tienen sus raíces en ella. Dedica tu ser por completo a Dios. Vive como propiedad privada, *¡reservada sólo para Dios!*

Di esto:

"Con la ayuda de Dios, decido y propongo en mi corazón que voy a mantener una actitud sana y hablar solamente palabras puras".

¿Cuándo es normal tu mente?

*...transformaos por medio de la renovación
de vuestro entendimiento...*
—ROMANOS 12:2

*C*ADA CAMBIO EN nuestra vida requiere una manera diferente de pensar. Dios nos enseña regularmente nuevas formas de pensar, porque nuestras acciones no pueden ser diferentes si nuestros pensamientos no son diferentes.

¿Qué se considera una mente normal para un cristiano? Recuerda, en la mayoría de los casos lo que es normal para el mundo no es aceptable para los hijos de Dios. Para un creyente, la preocupación no es normal, ni la confusión tampoco.

El pensamiento negativo es otra forma de pensar que no le corresponde al cristiano. Hay muchas otras formas de pensar que se deben considerar anormales para un hijo de Dios.

El Señor me ha mostrado que, cuando tenemos pensamientos hostiles, de odio y juicio hacia otros, no solo puede dañarlos a ellos, sino que estos patrones de pensamientos de crítica, resentimiento y falta de perdón, pueden también causarnos a nosotros mucho daño.

Tenemos la oportunidad de tener pensamientos creativos y amorosos acerca de la gente, y hacer oraciones positivas, llenas de fe.

Usa tus pensamientos sabiamente. Piensa en otros como Jesús pensaría, y piensa en tus circunstancias de acuerdo a Dios, quien dice: "He aquí que yo soy el Señor...¿habrá algo imposible para mí?" (Jeremías 32:27, LBLA).

Ora así:

"Padre, te pido que me enseñes nuevas maneras de pensar. Ayúdame a tener pensamientos creativos y amorosos acerca de otros. En el nombre de Jesús, amén".

"Sólo yo"

Si alguno quiere venir en pos de mí, niéguese
a sí mismo, y tome su cruz, y sígame.
—**Marcos 8:34**

PENSAR SIEMPRE EN sí mismo asegura una vida miserable.

Considero que es un desafío dejar de pensar en mí misma, pero cuanto más obedezco al Señor en esta área, más feliz estoy.

Creo que todos tenemos el hábito de tratar de cuidarnos a nosotros mismos. Queremos hacer planes para asegurar que tenemos todo lo que necesitamos.

Obviamente, nadie puede vivir sin pensar un poco en sí mismo o sin hacer planes, pero cuando empezamos a tener una mente egocéntrica, ya no estamos en la voluntad de Dios.

Vivimos en una sociedad que promueve el egocentrismo, el "yo-ismo", pero eso no es lo que la Palabra de Dios enseña.

Es imperativo que los hijos de Dios resistamos el imán del mundo y rehusemos pensar excesivamente en forma tan egocéntrica. Creo que muchas personas están deprimidas porque pasan todo el tiempo tratando de ser felices con esfuerzo propio. El gozo verdadero viene solamente cuando entregamos nuestra vida, no cuando tratamos de preservarla.

No eches a perder tu vida tratando de retenerla. Sé una bendición para otros, y serás bendecida. Da a otros y te será dado. ¡Muere al egocentrismo y vivirás de verdad!

Ora así:

"Padre, te pido que me liberes del egocentrismo y que me transformes a la imagen de Jesucristo. En el nombre de Jesús, amén".

La mente distraída

*...destruyendo especulaciones y todo razonamiento altivo
que se levanta contra el conocimiento de Dios, y poniendo
todo pensamiento en cautiverio a la obediencia de Cristo...*
—2 Corintios 10:5, LBLA

¿*H*AS TENIDO ALGUNA vez dificultad con pensamientos distraídos? Dominar la mente humana es como domar un animal salvaje. No te desanimes. Con diligencia y mucha gracia de Dios, puedes ganar el control de tu mente.

La clave para destruir los pensamientos dañinos y evitar que vuelvan es reemplazarlos con pensamientos sanos. Fija tu mente en las cosas buenas (Filipenses 4:8). Decide empezar a pensar en las cosas buenas, y entrena tu mente a pensar en todo lo que Dios piensa.

Darle vuelta y vuelta a las situaciones una y otra vez en nuestras mentes, sin llegar a ninguna solución, nos lleva a la confusión. El Espíritu Santo me hizo entender que no puedo estar en confusión, a menos que esté tratando de solucionar algo que debo dejar en las manos capaces de Dios.

Los pensamientos negativos causan muchas dificultades. Proverbios 23:7 dice que cual es el pensamiento de la persona en su corazón (mente), tal es ella. Yo creo que nuestros pensamientos trazan límites para nuestras vidas, y que tenemos que vivir dentro de esos límites.

> *Haz esto:*
>
> *Elige con cuidado tus pensamientos. Medita solamente en las cosas buenas (positivas). No permitas que tu mente se preocupe distraídamente con especulaciones, razonamientos o pensamientos negativos.*

En busca de paz

...Busque la paz, y sígala.
—1 PEDRO 3:11

*C*UANDO JESÚS DIJO: "Mi paz os doy" (Juan 14:27), estaba hablando de una paz especial, no una paz mundana. La paz especial de la que habla Jesús es aquella que opera siempre en cualquier situación.

El creyente que experimenta la paz de Dios a través de su relación con Cristo puede tener paz en medio de las tempestades de la vida.

Primera de Pedro 3:11 dice que debemos buscar la paz, y seguirla. La palabra *buscar* aquí significa "...esforzarse, luchar por...desear. Inquirir. Requerir o demandar".[1] Significa requerir algo de vital necesidad, antojarse de algo, y perseguirlo.

Este versículo menciona tres áreas en las cuales debemos buscar la paz: con Dios, con nuestro prójimo, y con nosotros mismos.

Aprende a amar la paz y desearla de corazón. Busca la paz, porque sin ella no puedes disfrutar de la vida o las bendiciones de Dios. El Señor ha dicho que si lo buscas con todo el corazón, lo encontrarás (Jeremías 29:13). Creo que si buscas la paz con todo el corazón, encontrarás lo que estás buscando.

> *Di esto:*
>
> *"Tengo la paz que sobrepasa todo entendimiento. La que opera en medio de las tempestades".*

El precio de la paz

La paz os dejo, mi paz os doy; yo no os la doy como el
mundo la da. No se turbe vuestro corazón, ni tenga miedo.
—**Juan 14:27**

LA PAZ DEL Señor es una de las bendiciones más preciosas en la vida.

Desde un punto de vista espiritual, fue la sangre de Jesús lo que compró nuestra paz. Pero desde un punto de vista práctico o natural, el precio que tenemos que pagar por la paz, es una disposición de cambiar nuestro enfoque de vida. Nunca disfrutaremos la paz sin la disposición de ajustarnos y adaptarnos.

Tú y yo debemos estar dispuestas a sacrificar la preocupación y el razonamiento si queremos tener paz. No podemos tener ansiedad, frustración o actitudes rígidas y legalistas, y también disfrutar de la paz de Dios.

Mantén tu mente y tu conversación en Jesús, no en el problema. La preocupación es inútil, vana y soberbia.

Uno de los ajustes más grandes que tuve que hacer fue aminorar el ritmo de mi vida. Es imposible tener paz y estar apurado. Dios no está apurado.

Debes estar dispuesta a hacer los cambios que el Espíritu Santo te guíe hacer, para caminar en paz. Jesús nos ha dado su paz, ¡disfrútala!

Ora así:

"Señor, recibo tu paz hoy. Buscaré, seguiré y dejaré que la paz sea el árbitro de mi vida. En el nombre de Jesús, amén".

Dios busca a los de corazón puro

Bienaventurados los de limpio corazón,
porque ellos verán a Dios.
—**Mateo 5:8**

*J*esús regresa por una iglesia gloriosa, una iglesia santa, sin mancha, ni arrugas (Efesios 5:27). El Señor está buscando a personas de corazón puro (Juan 4:23). Debemos desear y procurar la pureza del corazón, que es la voluntad de Dios (1 Juan 3:3).

La pureza de corazón no es una característica natural. Es algo que debe trabajarse en muchas de nosotras. La pureza y la limpieza van juntas (Juan 15:2). La limpieza es un proceso tedioso, porque a través de él se remueven las cosas inútiles, mientras se retienen las cosas de valor.

Para quitar lo que no sirve, sin dañar las cosas de valor, se necesita un experto, ¡y nuestro Dios es un experto! (Malaquías 3:3). Él nos cuida, y cuando se están extrayendo las impurezas, Él se asegura de que lo valioso en nosotros no se dañe.

Permitir que Dios haga esto en forma profunda exige un compromiso grande. No es siempre agradable enfrentar las verdades que Él desea comunicarnos. Pero debemos darnos cuenta de que la verdad no afectará nuestras vidas, a menos que estemos dispuestos a enfrentarla, aceptarla y dejar que nos transforme.

¿Estás dispuesta a pagar el precio para tener pureza en tu vida; pureza de motivaciones, pensamientos, actitudes, palabras y acciones?

Recuerda, los que son puros de corazón serán bendecidos.

Ora así:

"Padre, someto mi vida a ti. Me comprometo a enfrentar tu verdad y a permitir que me transforme. En el nombre de Jesús, amén".

Cómo oír a Dios

Pero cuando venga el Espíritu de verdad, él
os guiará a toda la verdad...
—JUAN 16:13.

LA DIRECCIÓN DIVINA es la voluntad de Dios para sus hijos.

Tenemos que creer que Dios desea hablarnos y que podemos escucharlo. Uno de los ministerios del Espíritu Santo en nuestra vida es el de guiarnos, dirigiéndonos a la voluntad de Dios en cada situación.

No creo que nadie sepa inmediatamente como ser guiado por el Espíritu. Tenemos que aprender esto, y requiere enseñanza, estudio, entrenamiento, ejercicio y unos cuantos errores.

Cometer un error no es el fin del mundo, pero no aprender de ellos es un error mayor que el original.

Ten un espíritu pionero y la disposición de aprender. Aquí hay algunas sugerencias que te ayudarán:

1. Ten un tiempo regular de oración y comunión con Dios.

2. Ten cuidado con lo que escuchas. Crea un ambiente propicio para oír a Dios.

3. Desea la voluntad de Dios más que la tuya.

4. Reconoce que Dios te guía paso a paso. Con frecuencia, al principio no te muestra el plan completo.

5. Sé una persona agradecida.

6. Deja que la paz y la sabiduría te dirijan.

El Espíritu Santo desea guiarte al buen plan de Dios para tu vida. Él te hablará y tú lo podrás escuchar.

Haz esto:

La paz es el árbitro que decide lo que es bueno y lo que es malo. No hagas nada en lo cual no tengas paz. Sé guiada por la paz.

Sentada en lugares celestiales

*...y juntamente con él nos resucitó, y asimismo nos
hizo sentar en los lugares celestiales con Cristo Jesús.*
—**Efesios 2:6**

¿QUÉ SIGNIFICA QUE estamos sentados en lugares celestiales? Significa que ahora podemos entrar en el descanso del Señor.

El hecho de estar sentado implica descanso. Cuando nos sentamos en una silla, el cuerpo descansa. El hecho de estar sentados en lugares celestiales involucra un "descanso interno". Nuestro espíritu y nuestra alma pueden descansar por causa de lo que Cristo ha hecho por nosotros, y debido al plan bueno que Dios tiene para nosotros.

La segunda definición de *descansar* es "estar en paz o reposo"; "libre de la ansiedad o angustia".[1] El descanso nos libera de las preocupaciones y las frustraciones que se producen de nuestros esfuerzos al tratar de hacer lo que solamente Dios puede hacer. Es libertad del exceso diálogo consigo mismo, de la lucha, del temor y de la agitación interna.

Debemos permanecer en el Señor. La palabra *permanecer* significa "habitar", "quedar en un solo lugar".[2] Cuando permanecemos en Él, podemos descansar, confiar, apoyarnos y contar con Él en el lugar de protección. La promesa de la paz de Dios no es válida para los que luchan en sus propias fuerzas, sino para los que se sientan, descansan y permanecen en Cristo.

Hay algunos que han conocido la bendición de entrar en el descanso de Dios. Están sentados con Él, y han aprendido a permanecer en su lugar.

Si estás luchando, siéntate y descansa. Tu lugar siempre estaba allí esperándote.

Haz esto:

Estás sentada en los lugares celestiales. Reposa en tu asiento. ¡Deja de levantarte continuamente, perdiendo el descanso!

LA FE Y
la confianza

Da a luz a tus sueños y visiones

Donde no hay visión, el pueblo se desenfrena.
*—**Proverbios 29:18**, lbla*

*E*s importante tener sueños y visiones para nuestras vidas. Nos atrofiamos sin nada que anhelar. Dios nos ha creado para tener metas. Tenemos que mirar más allá de donde estamos.

Nuestros sueños y visiones son esperanza de un porvenir mejor. Cuando Dios siembra la semilla de algo en nuestro corazón, en ese momento es una posibilidad, pero no una realidad. Esa semilla tiene que ser cuidada correctamente.

Con frecuencia, el Señor quiere colocar una semilla en nuestro corazón, pero no creemos que Él realmente desee lo que entendemos. Tenemos que recordar que no podemos quedar embarazadas con un sueño o una visión, si no somos capaces de concebir. En la práctica, esto se refiere a nuestros pensamientos.

Tenemos que creer que es posible. Tenemos que concebirlo en nuestros pensamientos. Si concebimos, todavía es necesario el proceso del embarazo. Todavía hay planificación y preparación antes del nacimiento. Satanás hará todo lo que pueda para hacernos abortar nuestros sueños y nuestras visiones.

Dios tiene una visión para tu vida, y desea sembrarla en tu corazón. No tengas un "aborto espiritual". Da lugar a todo lo que Dios ha colocado dentro de ti.

Di esto:

"No renunciaré a los sueños y las visiones que Dios ha colocado en mi corazón. Estoy decidida a llevarlos a cabo".

¡El momento es ahora!

El ladrón no viene sino para hurtar y matar y
destruir; yo he venido para que tengan vida, y
para que la tengan en abundancia.
—Juan 10:10

*T*ENEMOS QUE APRENDER a ser personas del "ahora", y no postergar las cosas para el futuro.

Creo que es el momento para conocer el terreno, el momento para tomar las cosas en serio. Tenemos que ser más activos para poseer todo lo que nos dio Jesús por medio de su muerte. Podemos pensar, soñar, hablar, pero es el momento para tener y disfrutar realmente lo que Jesús tiene en mente para cada una de nosotras.

Las bendiciones de Dios no simplemente caen sobre nosotros. Tenemos que pararnos firmes y tomar lo que es nuestro. Es muy fácil tener una idea equivocada de nuestro tiempo aquí en la tierra, pensando que tenemos que estar viviendo con dificultades y esperando las bendiciones futuras en el cielo.

Activa tu fe acerca de las bendiciones que Dios ha prometido en su pacto. Empieza a confesar que eres bendecida, y que los buenos regalos de Dios te van a llegar en abundancia.

El Grande y Poderoso vive en ti. Puedes hacer lo que tengas que hacer por medio de su poder. ¡Créelo! No esperes a creerlo más adelante, sino hazlo ahora.

Toma la decisión de ser una persona del "ahora".

Di esto:

"Creo ahora, obedezco ahora, doy ahora, oro ahora. Estoy poseyendo la tierra, no más adelante, ¡sino ahora!".

El poder de la debilidad

Porque no tenemos un sumo sacerdote que no pueda
compadecerse de nuestras debilidades, sino uno que fue
tentado en todo según nuestra semejanza, pero sin pecado.
Acerquémonos, pues, confiadamente al trono de la gracia, para
alcanzar misericordia y hallar gracia para el oportuno socorro.
—Hebreos 4:15-16

*E*L ÚNICO PODER que tiene la debilidad sobre nosotros es el que nosotros le concedemos a través del temor. Dios promete fortalecernos en nuestras debilidades si confiamos y nos volvemos a Él (Isaías 41:10). Tenemos que asumir y enfrentar nuestras debilidades y no temerlas. La gracia de Dios será suficiente para nosotros en el momento de necesidad (2 Corintios 12:9).

Podemos venir a Jesús tal como somos. Así, Él nos recibe, y nos transforma en lo que debemos ser.

Nuestras debilidades constituyen un problema más grande para nosotros que para Dios. Él las entiende, y está dispuesto a darnos fortaleza. Recibimos gracia a través del canal de la fe.

Te animo a empezar a recibir la gracia de Dios y dejar de lamentarte de tus debilidades. Es tiempo de seguir adelante.

Ora así:

"Padre, gracias por fortalecerme en mis debilidades.
Creo que tu gracia es suficiente para mí en cualquier
situación que tenga que enfrentar. En el nombre de
Jesús, amén".

En la sala de espera de Dios

En tu mano están mis tiempos.
—Salmo 31:15

SI PUDIÉRAMOS ENTENDER el tiempo de Dios, podríamos cooperar mejor con su plan para nuestra vida. No obstante, posiblemente nunca entenderemos por completo. Cuando no conocemos, debemos sentirnos satisfechos en conocer al Único que conoce todo. Si vamos a caminar con Él y disfrutar de sus bendiciones, debemos aprender a dejar que Dios sea Dios.

La mayoría de nosotros trata de tomar el liderazgo en nuestra relación con el Señor. Pero Él tiene una posición, y no la cambiará. Nosotros sí tenemos que cambiar. Él tiene el liderazgo. Él da las instrucciones, y nosotros las seguimos, aunque no siempre estemos conformes con sus decisiones y los lugares donde Él nos lleva.

El tiempo es muy importante en nuestro caminar con Dios. ¿Por qué toma tanto tiempo en hacer lo que le pedimos? La confianza siempre requiere preguntas sin respuestas, para que sigamos creciendo en la fe.

Dios tiene un plan y un tiempo. Mientras estamos en la sala de espera de Dios, Él está preparándonos para lo que ya había planeado para nosotros. Tenemos que crecer y madurar. Eso toma tiempo. Al alcanzar nuevos niveles de madurez, Dios nos lleva a nuevos niveles de bendición.

Posiblemente tengas el hábito de cuidarte a ti misma. Dale la oportunidad a Dios de hacerlo. Él es fiel, y puedes depender en Él.

Ora así:

"Confío en ti, Señor. Sé que me amas, y que tu plan y tiempo para mí son perfectos. En el nombre de Jesús, amén".

Deja que Dios sea Dios, del presente

Algunos confían en carros, y otros en caballos; mas nosotros
en el nombre del Señor nuestro Dios confiaremos.
—SALMO 20:7, LBLA

LA FE TIENE muchos aspectos. El más brillante, sin embargo, es la confianza.

Esto es algo que tenemos, y debemos decidir qué hacemos con ella. Decidir en quién o en qué ponemos nuestra confianza.

Tenemos que recordar quién nos liberó en el pasado, quién nos liberará de los problemas actuales, y entonces poner la confianza en la persona correcta, la cual solamente es en Dios.

La confianza tiene ciertas características que la identifican. La confianza no se molesta, porque ha entrado en el descanso de Dios. La confianza no admite confusión, porque no necesita seguir su propio entendimiento. La confianza no razona en forma carnal, porque deja que Dios sea Dios.

¿En quién has puesto tu confianza? ¿En qué has confiado? ¿En tu trabajo, tu empleador, tu cuenta bancaria, tus talentos o tus amigos?

Quizás tu confianza esté en ti misma, en tu pasado exitoso, en tu educación o en tus posesiones. Todas estas cosas son temporales. Están sujetas a cambio. Sólo el Señor no cambia. Él es la Roca firme que no se mueve.

Decide poner tu confianza en Dios. Requiere una inversión mayor de fe, ¡pero los dividendos son fantásticos!

Di así:

"Confío en el Señor con todo mi corazón y toda mi mente. No confiaré en mi propio discernimiento o en mi entendimiento".

Gracia, gracia y más gracia

Pero él da mayor gracia...Dios resiste a los
soberbios, y da gracia a los humildes.
—Santiago 4:6

*T*ODO SER HUMANO tiene tendencias pecaminosas, pero Santiago enseña que Dios nos dará mayor gracia para resistir esas tendencias.

Pasé gran parte de mi vida cristiana tratando de resistir mis propias tendencias pecaminosas. Todos mis esfuerzos resultaron en mucha frustración. Tuve que llegar a un lugar de humildad. Aprender que Dios da mayor gracia a los humildes, no a los soberbios.

Tenemos nuestras propias ideas acerca de lo que podemos lograr, pero frecuentemente sobreestimamos nuestras capacidades. Debemos ser humildes, sabiendo que fuera de Dios, no podemos hacer nada.

Si estás planificando tu propio camino, tratando de lograr cosas en tu propia fuerza carnal, estarás frustrada. Probablemente hayas pensado: "No importa lo que haga, ¡parece que nada resulta bien!". Nada resultará hasta que aprendas a confiar en la gracia de Dios.

Relájate. Deja que Dios sea Dios. No seas tan dura contigo misma. El cambio es un proceso, y sucede poco a poco. Estás en el camino hacia la perfección. ¡Disfruta el viaje!

> *Ora así:*
>
> *"Padre, recibo tu gracia hoy. Y el poder del Espíritu Santo para resistir mis tendencias pecaminosas. En el nombre de Jesús, amén".*

Ninguna carne se gloriará

*Pero Dios escogió lo insensato del mundo para avergonzar
a los sabios, y escogió lo débil del mundo para avergonzar
a los poderosos. También escogió Dios lo más bajo y
despreciado, y lo que no es nada, para anular lo que
es, a fin de que en su presencia nadie pueda jactarse.*
—1 Corintios 1:27-29, nvi

*T*odavía queda por verse lo que Dios puede hacer por medio de un hombre o una mujer que le dé toda la gloria a Él.

A menudo, Dios escoge personas poco usuales para hacer alguna obra a través de ellas. Lo hace así porque es más probable que Él reciba la gloria si utiliza a personas que no sean nada especial ni que sean exitosas en lo natural.

Todo bien viene de Dios, y en nosotros (en nuestra carne) no hay nada bueno. Cualquier bien que resulte por medio de nosotros es una manifestación de Dios fluyendo a través de nosotros, y debería provocar en nosotros un corazón agradecido por haber sido escogidos para ser usados por Él.

No debemos buscar la honra humana o la fama de este mundo, sino que debemos estar buscando la aprobación de Dios. Si vivimos nuestra vida para glorificar a Dios y no a nosotros mismos, Él se asegurará de que tengamos las bendiciones y la honra.

Busca ser reconocida en el reino espiritual y no necesariamente entre los hombres.

Haz esto:

Si crees que has sido llamada por Dios, busca la humildad. Dios se encargará de ponerte en honra en su tiempo y a su manera.

¿Qué está haciendo Dios en mi vida?

Confía en el Señor con todo tu corazón, y no
te apoyes en tu propio entendimiento.
—Proverbios 3:5, lbla

*T*e encuentras pensando: "Dios, qué estás haciendo en mi vida"?

Nos confundimos cuando tratamos de descifrar lo que no entendemos. Como creyentes, tenemos un privilegio especial, que podemos sentir paz, aun cuando no entendemos lo que ha sucedido, lo que está sucediendo, o lo que sucederá en el futuro. Podemos estar contentos de que conocemos al Único que conoce, aunque nosotros mismos no conozcamos la respuesta.

Servimos al Dios que todo lo conoce y que está cuidándonos en cada momento. A Dios nada le sorprende; Él sabe todo antes de que suceda.

Debemos crecer en la confianza, no en los cuestionamientos. Por lo general, nosotros estamos más preocupados por las cosas temporales, pero Dios está más interesado en las cosas eternas. Pudiera haber algo que es la voluntad de Dios para nosotros, pero no es el momento en el plan perfecto de Dios. Tenemos que aprender a esperar en Él.

Tuve que aprender a descansar, confiar y estar segura en Él. Por experiencia, he aprendido a decir: "Dios, no sé lo que estás haciendo, pero sé que tú sabes. Confío en ti".

Confía en Dios, y así mantendrás la paz en todo tiempo.

> *Di así:*
>
> *"Dios tiene un plan bueno para mi vida. Yo decido confiar y esperar en Él, aunque no entienda lo que está haciendo".*

Echar toda tu ansiedad

Humillaos, pues, bajo la poderosa mano de Dios, para que Él os exalte a su debido tiempo, echando toda vuestra ansiedad sobre Él, porque Él tiene cuidado de vosotros.
—1 Pedro 5:6-7, lbla

Las preocupaciones, las ansiedades y los afanes no tienen ningún efecto positivo en nuestras vidas. No traen soluciones a los problemas. No ayudan a mantener una buena salud, e impiden nuestro crecimiento en la Palabra de Dios.

Una de las maneras en que Satanás roba la Palabra de Dios de nuestros corazones es a través de las preocupaciones. La Biblia dice que debemos echar todas nuestras ansiedades sobre Dios, y esto se hace a través de la oración. No podemos manejar nuestros propios problemas; no estamos hechos para eso. Somos creados para ser dependientes de Él, llevarle nuestros desafíos, y permitir que Él nos ayude con ellos.

No debemos cargarnos de ansiedad. Mantenernos ansiosos y preocupados es una manifestación de arrogancia. Demuestra que pensamos que podemos solucionar nuestros propios problemas, y que no necesitamos al Señor.

Podemos mostrar humildad, descansando en Dios. Las ansiedades, las preocupaciones y los afanes no reflejan nuestra confianza en Dios, sino que declaran claramente que estamos tratando de manejar nuestras propias vidas.

Ora acerca de todo, descansa en Dios, y disfrutarás mucho más la vida.

Ora así:

"Padre, muéstrame cada vez que estoy ansiosa, y enséñame a llevar mis cargas sobre ti. En el nombre de Jesús, amén".

Cómo estar contenta

He aprendido a contentarme, cualquiera que sea mi situación.
—**Filipenses 4:11**

LA BIBLIA NOS enseña a estar contentos, sin importar las circunstancias (Hebreos 13:5).

No debemos estar desconcertados por nada, suceda lo que suceda. Al contrario, necesitamos orar acerca del problema, y expresar nuestras necesidades a Dios. Mientras esperamos que Dios obre, debemos estar agradecidos por todo lo que Él ya hizo por nosotros (Filipenses 4:6).

He descubierto que el secreto del contentamiento es pedirle a Dios todo lo que deseo, y entender que si es lo correcto, Él lo va a conceder en el momento preciso, y si no, Él hará algo mucho mejor que eso. Tenemos que aprender a confiar en Dios completamente, si vamos a disfrutar de la paz. Tenemos que meditar en lo que Dios ha hecho en nuestra vida, en vez de pensar sólo en lo que estamos esperando todavía.

Dios te ama. Y sólo desea el bien para ti. Debes estar contenta al saber que su camino es perfecto, y que Él tiene una recompensa grande para los que confían en Él (Hebreos 10:35).

Confía en Dios. Escóndete en el lugar secreto (en Él).

Ora así:

"Señor, decido confiar plenamente en ti. Sea cual sea la situación que enfrente, tendré paz y estaré contenta. En el nombre de Jesús, amén".

Deja que Dios sea Dios, del futuro

"Porque yo sé los planes que tengo para vosotros"
—declara el Señor— "planes de bienestar y no de
calamidad, para daros un futuro y una esperanza".
—Jeremías 29:11, lbla

IOS TIENE UN plan y un propósito para cada uno de nosotros, que incluye la manera específica y el tiempo perfecto para realizarlo.

Mucha de nuestra frustración y miseria viene de no creer eso, o quizás de creerlo, pero todavía insistir en hacer las cosas a nuestra manera y en nuestro tiempo, decididos a exaltar nuestra propia voluntad y nuestro tiempo por encima de Dios.

Según Isaías 55:8, los pensamientos de Dios no son nuestros pensamientos, y sus caminos no son nuestros caminos. Queremos lo que nos haga sentir bien ahora, pero Dios tiene algo mucho mejor en mente.

Estamos constantemente tratando de averiguar algo que no entendemos, o tratando de que suceda algo *ahora* que todavía no va a suceder. Pareciera que estamos siempre tratando, ¡pero los creyentes debemos *creer*!

"¿Por qué, Dios, por qué?", y "¿Cuándo, Dios, cuándo?", son dos preguntas que nos mantienen frustrados y nos impiden disfrutar de la paz. Muchas veces no entendemos lo que Dios está haciendo. Pero de eso se trata la confianza.

Deja que Dios sea Dios en tu vida. Dale las riendas. Él sabe lo que está haciendo.

Haz esto:

Encomienda toda tu vida al Dios que juzga con justicia y santidad. Deposítate en sus manos, ¡y verás lo que Él puede hacer!

La
MISERICORDIA
y el perdón

La misericordia de Dios

Sed, pues, misericordiosos, como también
vuestro Padre es misericordioso.
—Lucas 6:36

La MISERICORDIA PARECE ser un asunto de sembrar y cosechar, y estoy segura de que todos queremos cosecharla. Por lo tanto, debemos aprender a sembrarla para tener una gran cosecha cuando la necesitemos.

¿Qué es *misericordia*? Es un atributo del carácter de Dios que se ve en la manera en que trata a su pueblo. La misericordia es buena para con nosotros cuando merecemos el castigo. Nos acepta y nos bendice cuando merecemos ser rechazados totalmente. La misericordia comprende nuestras debilidades y nuestras dolencias, sin criticarnos ni juzgarnos.

Pasé un periodo en mi caminar con Dios en donde Él me estaba tratando de enseñar la importancia de la misericordia y de ser misericordiosos. Me enseñó que yo no era capaz de mostrar misericordia a otros porque no sabía cómo recibirla de Él.

El amor de Dios funciona de la misma manera. Muchos no pueden caminar en el amor. Una de las razones es que nunca han recibido el amor de Dios para sí mismos, y por lo tanto, no tienen nada que dar.

Recibe hoy la misericordia y el amor de Dios. No puedes dar algo que no tienes.

Haz esto:

Empieza a recibir la misericordia de Dios regularmente. Al hacerlo, encontrarás que estás en capacidad de ser misericordioso con otros.

¿Guardas rencor, o el rencor te guarda a ti?

Perdonándoos unos a otros, como Dios también
os perdonó a vosotros en Cristo.
—**Efesios 4:32**

Cuando guardamos rencor contra alguien, ¿lo lastimamos realmente? ¿No será que nos lastimamos a nosotros mismos?

Con mucha frecuencia, Jesús hablaba de la necesidad de perdonar a otros. Si vamos a seguir el camino angosto, tenemos que aprender a ser prontos para perdonar. Cuanto más rápido perdonemos, más fácil se nos hará. Tenemos que hacerlo antes de que el problema eche raíces en nuestras emociones. Será mucho más difícil si tiene raíces profundas y fuertes.

Guardar rencor contra otras personas no las hace diferentes, pero sí nos cambia a nosotros. Nos hace amargados y difíciles. Cuando pensamos que estamos guardando rencor, en realidad es el rencor que nos guarda a nosotros. Es la manera engañosa de Satanás para mantenernos en esclavitud. Él quiere que pensemos que estamos a la par, que estamos protegiéndonos de ser heridos nuevamente.

¡Pero nada de eso es verdad!

Quiero animarte a pedir la gracia de Dios para perdonar a cualquier persona que le guardas rencor. Decide de ahora en adelante mantener tu corazón libre de este tipo de emoción negativa.

Dios tiene un gran plan para tu vida, pero solamente lo verás realizarse si te mantienes en el camino angosto.

Di así:

*"Decido seguir el ejemplo de Jesús al perdonar a otros.
Por lo tanto, entro en una esfera nueva de vida de
paz y gozo".*

Bienaventurados los misericordiosos

*Bienaventurados los misericordiosos, porque
ellos alcanzarán misericordia.*
—**MATEO 5:7**

SER MISERICORDIOSO PUEDE ser definido como dar algo bueno a alguien que no lo merece. Cualquiera puede dar cosas que se merecen. Pero se requiere estar lleno del amor de Dios para dar algo cuando no se merece.

La venganza dice: "Me trataste mal, así que te voy a tratar mal". La misericordia dice: "Me trataste mal, así que te voy a perdonar, restaurar y tratar como si no me hubieras herido". ¡Qué bendición poder dar y recibir misericordia!

El hecho de mostrar misericordia significa poder ver "el porqué detrás del qué". En otras palabras, la misericordia no mira solamente lo que hace una persona, sino que busca entender por qué lo hizo.

Mostrar misericordia no significa que evadimos los problemas, sino que podemos tener una actitud de perdón y comprensión, mientras tratamos con ellos.

Dios nos muestra su misericordia, y nos da la oportunidad de recibir bendiciones, cuando nos mostramos misericordioso con otros.

¿Necesitas, a veces, que Dios o los hombres te muestren misericordia? Por supuesto, todos lo necesitamos regularmente. La mejor manera de recibir misericordia es estar ocupados en tenerla con otros.

Si juzgas, serás juzgada. Si eres misericordiosa, te mostrarán misericordia. Recuerda, cosechas lo que siembras. ¡Sé misericordiosa! ¡Sé bendecida!

Ora así:

"Padre, ¡gracias por tu misericordia! Yo la recibo por fe, y decido darla a otros. En el nombre de Jesús, amén".

¡Sólo la imperfección no tolera la imperfección!

No que lo haya alcanzado ya, ni que ya sea
perfecto; sino que...prosigo a la meta, al premio del
supremo llamamiento de Dios en Cristo Jesús.
—**FILIPENSES 3:12-14**

"*S*I HAY ALGUNA marca de perfección, es simplemente que no puede tolerar las imperfecciones de otros". Esta afirmación es de François Fènelon, del siglo diecisiete. Cuando leí esto en un libro hace poco, me impresionó tanto que supe que tenía que meditar en ello.

El apóstol Pablo afirmó que proseguía hacia la meta de la perfección. Creo que todos los que realmente aman al Señor desean eso. Él es perfecto, y en nuestro viaje hacia la eternidad nos compele a ser como Él. Queremos hacer bien las cosas, de la manera que le agrada a Dios.

La mejor medida de nuestra perfección se refleja en la paciencia que podemos tener con las imperfecciones de otros. Cuando soy impaciente con otros por causa de sus fallas, pero tomo un momento para considerar las mías, normalmente suelo ser tolerante con los demás.

Si tienes una imperfección, no seas dura contigo misma. Dios te ayudará. Si te falta paciencia con las imperfecciones de otros, recuerda que sólo la imperfección es intolerante con la imperfección.

Di así:

"*Decido ser tolerante con las imperfecciones de otros,*
porque me doy cuenta de que también tengo las mías,
las cuales Dios está perfeccionando en mí".

LA OBEDIENCIA
y el servicio

La escuela de la obediencia

*...os he puesto delante la vida y la muerte, la
bendición y la maldición; escoge, pues, la vida,
para que vivas tú y tu descendencia.*
—DEUTERONOMIO 30:19

*D*IOS NOS HA creado con una voluntad propia. Eso
significa que tenemos la gran responsabilidad de escoger o
rechazar su camino.

Dios nos ama más de lo que podemos entender. Él desea
lo mejor para nosotros, pero su Palabra dice que Él nos da a
escoger. Él respeta nuestro derecho a elegir y no va a manipularnos ni controlarnos.

El Espíritu Santo busca obrar en nuestras vidas para
guiarnos en la senda que Dios tiene planificada, pero si somos
rebeldes y desobedientes, persistiendo en nuestra propia voluntad, nos permitirá hacerlo, aunque entristezca el corazón
y el Espíritu de Dios.

Hay muchos creyentes que nunca han disfrutado de la
buena vida que Dios ha preparado de antemano para ellos,
simplemente porque han rehusado obedecerlo. Muchos hijos
de Dios no están viviendo la vida abundante que Él desea,
porque han elegido seguir su propio camino.

Te enfrentarás a muchas oportunidades para obedecer o
desobedecer. Dios ha prometido que si eliges caminar en su
voluntad, caminarás en la buena vida.

Solo tú puedes tomar la decisión.

Haz esto:

Escoge obedecer a Dios. Elige un estilo de vida de obediencia, y experimentarás la buena vida que Dios ha planificado para ti

¿A quién servirás?

*Si alguno quiere venir en pos de mí, niéguese
a sí mismo, y tome su cruz, y sígame.*
—Marcos 8:34

JESÚS VUELVE PARA buscar una Iglesia gloriosa, sin mancha ni arruga (Efesios 5:27). Una de las mejores maneras para alcanzar la gloria es a través de la obediencia extrema y pronta.

La obediencia y el egoísmo son fuerzas opuestas. Si vamos a ser gloriosos, tenemos que ser obedientes. Para esto, tenemos que estar dispuestos a decir no al ego cada día. Tenemos que aprender a decir: "Sí, Señor, sí", ¡y a decirlo pronto!

Debemos aprender a seguir la dirección del Espíritu Santo. El vive en nosotros y está constantemente guiándonos. Con sutileza nos deja saber cuando estamos siguiendo la dirección correcta o la equivocada.

La obediencia al Señor requiere que seamos sensibles a sus caminos, que proviene de escudriñar las Escrituras. No debemos solo leer la Palabra, sino también ponerla en práctica (Santiago 1:22).

Toma la decisión hoy de subir a un nivel más alto de obediencia. Las recompensas de una vida obediente bien valen la pena.

Escoge hoy a quién servirás, a la carne o al Espíritu.

Ora así:

"Padre, escojo ser obediente en cada área de mi vida. Seguiré tu plan y no el mío. En el nombre de Jesús, amén".

El ungimiento

Y el que nos confirma con vosotros en
Cristo, y el que nos ungió, es Dios...
—2 Corintios 1:21

*E*L UNGIMIENTO ES una de las cosas más importantes en nuestra vida y ministerio. Nos da habilidad y fuerzas sobrenaturales. El ungimiento es poder de Dios, su capacidad sobre nosotros para ayudarnos a realizar las cosas difíciles con facilidad.

Creo que una de las trampas más grandes de Satanás es hacernos correr por todos lados, ¡buscando algo que ya tenemos, tratando de ser algo que ya somos!

Cada uno de nosotros tiene un propósito, dones y llamado, y no tenemos que preocuparnos demasiado acerca de ellos, ni debemos compararnos con los demás.

Primera de Juan 2:20 nos dice que ya *hemos sido* ungidos; tiempo pasado. Una vez que sabemos esto, podemos aprender a liberar el ungimiento en nosotros. Creo que experimentamos el ungimiento al usar nuestros dones.

Dios no compartió su poder con nosotros para que nos sentáramos y no hiciéramos nada con él. Hemos recibido el poder de la unción para servir. ¡Tenemos un destino!

Nunca serás ungida para ser otra persona. Ten cuidado con las comparaciones y la competencia. Sé tú misma.

Di así:

"Mis ojos están en Dios. Estoy caminando en obediencia a Él. Nada me puede detener. He sido ungida para su propósito".

El manejo del tiempo y las prioridades

Mirad, pues, con diligencia cómo andéis, no
como necios sino como sabios, aprovechando
bien el tiempo, porque los días son malos.
—EFESIOS 5:15-16

OMOS LA GENERACIÓN que Dios ha apartado para participar en la cosecha del fin de los tiempos, como está profetizado en su Palabra. Dios está buscando a personas en quienes puede confiar para el ungimiento, el poder y la autoridad, que serán evidentes en estos últimos días.

Tenemos que aprender a caminar en obediencia para prepararnos para el próximo nivel al que Dios quiere llevarnos. La obediencia nos prepara para avanzar. No podemos esperar hasta que los "días de gloria" lleguen, y entonces prepararnos. La preparación precede a la promoción.

Dios está hablando a su pueblo hoy, diciendo: "Ordena tu casa". ¿Qué quiere decir en una manera práctica? Creo que significa que no debemos vivir una vida fragmentada, inútil, sin rumbo ni propósito. Tenemos que rendir cuentas y ser responsables por las habilidades que Dios nos ha dado. Tenemos que tomar la firme decisión de dejar de malgastar nuestro tiempo, porque el tiempo es un regalo de Dios.

El manejo del tiempo es vital para la preparación y el equipamiento. Canaliza tu tiempo hacia tu propósito. No mires tu tiempo como tuyo, sino como de Dios, algo que Él te ha encomendado para usarlo con sabiduría.

Di así:

"*Ya no voy a postergar más las cosas ni ser tarda de corazón para creer. Me moveré cuando el Señor me diga: "¡Muévete!".*

La disciplina y el dominio propio

Porque somos...creados en Cristo Jesús para
buenas obras, las cuales Dios preparó de
antemano para que anduviésemos en ellas.
—Efesios 2:10

*T*ODOS QUIEREN TENER una vida excelente y próspera; pero no todos quieren vivir un estilo de vida disciplinado y con dominio propio. Necesitamos entender que sin estos factores, nunca disfrutaremos la vida buena que Dios ha preparado para nosotros.

Para vivir una vida disciplinada, no podemos hacer lo que queramos. La disciplina y el dominio propio requieren una negación de la carne, lo cual nos lleva a esa vida buena y abundante.

No tenemos que vivir una vida disciplinada, si no lo queremos. Dios nos ama con o sin disciplina. Pero si queremos vivir la vida buena que Él desea para nosotros, tenemos que escoger la disciplina y el dominio propio. Ninguna de estas cosas es fácil para la carne, pero la victoria que se disfruta bien vale la pena el sacrificio que tenemos que experimentar para obtenerla.

La disciplina es una opción, no una ley. Es una herramienta que usamos los creyente para llegar a la victoria.

Te exhorto a ser una persona disciplinada que opera con el fruto del dominio propio.

> *Haz esto:*
>
> *Practica el dominio propio en cada área de tu vida.*
> *Disciplina la carne, entonces disfrutarás de la vida*
> *buena que vendrá.*

¿Está Dios tratando contigo?

*Lo que soportan es para su disciplina, pues
Dios los está tratando como a hijos. ¿Qué hijo
hay a quien el padre no disciplina?*
—HEBREOS 12:7, NVI

LA BIBLIA NOS enseña acerca de la disciplina de Dios
(Hebreos 12:8). La palabra *disciplina* significa corrección.[1]
Como cualquier padre bueno, Dios corrige a sus hijos porque
los ama.

Muchas personas se desaniman cuando Dios las disciplina. Cuando les muestra sus faltas, se afanan, se preocupan
y se desconciertan.

Debemos regocijarnos cuando Dios nos muestra nuestros
pecados y gozosamente nos sometemos a su corrección. Debemos ponernos de acuerdo con Él.

El Espíritu Santo trae convicción; el diablo quiere tomar
la convicción y convertirla en condenación (culpa). Dios no
quiere que nos sintamos culpables cuando nos muestra los
pecados. Quiere que estemos de acuerdo con Él. Quiere
que enfrentemos la verdad, porque la verdad nos hace libres
(Juan 8:32). Cuando la enfrentamos, Dios está ahí, listo para
mostrarnos su misericordia.

Cuando Dios te corrija, no caigas en la condenación. La
corrección es parte de la vida. Es un proceso continuo en la
vida del creyente.

Permite que Dios haga su voluntad en tu vida. Regocíjate
cuando te disciplina. La corrección te está forjando en una
mejor persona.

Haz esto:

Regocíjate cuando Dios te corrige, y sométete a Él con gozo. Sé rápida en ponerte de acuerdo con Él y presta a cambiar.

¿Eres capaz de beber de la copa que Jesús bebió?

...¿Pueden acaso beber el trago amargo
de la copa que yo voy a beber?
—Mateo 20:22, nvi

Esta fue la respuesta de Jesús cuando los discípulos pidieron sentarse a su derecha y a su izquierda.

Muchas personas quieren que Dios les bendiga con una posición alta, pero no están dispuestas a dejar de vivir su vida egocéntrica. Para Dios, el egocentrismo refleja un nivel de vida inferior.

Podemos escoger pasar la vida buscando lo que queremos en el momento que queremos, pero esa no es la voluntad de Dios. Hay una vida superior. Si no abandonamos la vida inferior, nunca tendremos una vida superior. Pero si estamos dispuestos a dejar la vida inferior (natural), entonces Dios nos concede una vida superior (espiritual).

Jesús ahora está sentado a la diestra del Padre. Tuvo que entregar su vida inferior primero, antes de recibir la vida superior.

Para ser promovidos como Jesús, tenemos que crucificar la carne. Olvidarnos de nosotros mismos, dejar de pensar y de hablar tanto acerca de nosotros, y querer conseguir siempre nuestros deseos. Tenemos que hacer primero una inversión, y entonces Dios nos dará una retribución abundante.

Si quieres vivir la vida de calidad, tienes que estar dispuesta a tomar de la copa que tomó Jesús: la copa de la generosidad.

Ora así:

"Padre, en el nombre de Jesús, rompo la cadena del egoísmo en mi vida. ¡Gracias porque soy libre!".

Perezosa y tibia

*...que avives el fuego del don de Dios que está
en ti por la imposición de mis manos.*
—2 Timoteo 1:6

*T*ENEMOS QUE ESTAR alertas vigilando el espíritu de la pasividad. Esta es una de las herramientas favoritas que Satanás usa en contra de los hijos de Dios. La postergación y la pereza son primas de la pasividad, y usualmente todas ellas atacan juntas. Una persona pasiva espera ser movida por alguna fuerza externa antes de actuar. Nosotros somos motivados y guiados por el Espíritu Santo que está en nosotros, y no por fuerzas externas.

En Apocalipsis 3:16, Jesús advierte que no estará satisfecho con la tibieza. Tenemos que estar llenos del celo de Dios.

No sé tú, pero normalmente yo no me despierto en la mañana llena de celo. Pero gracias a Dios he aprendido a "avivar el fuego del don que está en mí". He descubierto que la Palabra de Dios que sale de mi boca en oración, alabanza, enseñanza o confesión, es la mejor forma de animarme que haya encontrado. Aviva el don en mí, mantiene la llama ardiendo, y me impide ser tibia.

Te animo a rechazar la pasividad, la demora y la pereza. Actúa con diligencia y celo según la Palabra de Dios. ¡Aviva el fuego dentro de ti!

> Haz esto:
>
> Rechaza la pasividad y la pereza. ¡Aviva el don en ti, confesando por tu boca siempre la Palabra de Dios!

Ungida para estar callada

El que guarda su boca guarda su alma; Mas el
que mucho abre sus labios tendrá calamidad.
—Proverbios 13:3

¿Estás ungida para estar callada?

El apóstol Pablo escribe acerca de los peligros de palabras vanas, necias e inútiles (Efesios 5:4; 1 Timoteo 6:20; 2 Timoteo 2:16). El escritor de Proverbios advierte que un hombre que habla precipitadamente todo lo que pasa por su mente, terminará en un desastre.

Hubo un tiempo en mi vida cuando simplemente no podía quedarme callada. Siempre he sido habladora, y eso no es totalmente malo, si la persona puede aprender a usar la sabiduría acerca de cuándo hablar. He aprendido a estar callada también para estar a la par de la habilidad que Dios me ha dado para hablar y comunicarme.

El equilibrio es clave para evitar problemas.

Quizás seas ligera para hablar, y no has permitido que Dios te unja para estar callada. Déjame recordarte que Santiago dice que nadie puede dominar su lengua (Santiago 3:8). Sin duda necesitarás la ayuda de Dios. Pide que el Señor tome control cada vez que estás hablando demasiado, o muy fuerte, o simplemente cuando no es necesario.

Recuerda también que debes pensar antes de hablar. Santiago dice que debemos ser prontos para oír, tardos para hablar, y tardos para airarnos (Santiago 1:19).

Pregunto de nuevo, ¿has sido ungida para estar callada? Si no es así, pídele a Dios que te ayude.

Ora así:

"Padre, ayúdame cuando estoy hablando demasiado o cuando hablo muy fuerte. Enséñame cuando debo estar callada. En el nombre de Jesús, amén".

Encontrar y realizar tu destino

*...porque se me ha abierto puerta grande y
eficaz, y muchos son los adversarios.*
—1 Corintios 16:9

*D*IOS NOS ELEVA a la plenitud de su voluntad en grados
o etapas. Satanás se opone a cada fase nueva de nuestro progreso. Si no entendemos esto, nos confundiremos y pensaremos que nos hemos equivocado.

Satanás trata de cansarnos. Nos trae tanta oposición que nos agotamos, desanimamos y rendimos. Con las oportunidades, viene también la oposición.

No podemos ceder. Satanás no quiere que caminemos en la voluntad de Dios, realizando nuestro destino. Si no puede mantenernos completamente fuera de ella, su próxima táctica es la de tentarnos para que hagamos un poco menos de lo que Dios nos ha pedido.

Satanás nos tienta a ceder. Pero no nos dice que al final nos sentiremos pasivos, culpables, solos, desanimados y no realizados.

Postergar las cosas es otra herramienta del diablo. Las buenas intenciones no nos llevan a las bendiciones de Dios, sólo la obediencia. Nuestra decisión a obedecer a Dios rápidamente es la conexión vital entre el deseo del corazón y el producto terminado.

¡Adelante! ¡No mires atrás! Satanás puede pensar que te está destruyendo, pero muchas veces esto sirve como experiencia valiosa para que no vuelvas a tener problemas.

Di así:

"¡No hay más tratos! No cedo más, y no postergo más.
Desde ahora en adelante, caminaré en la voluntad
de Dios".

La integridad

La integridad de los rectos los encaminará; pero
destruirá a los pecadores la perversidad de ellos.
—Proverbios 11:3

*N*UESTRA SOCIEDAD HA declinado gradualmente durante los pasados años a tal punto que ya no honra a Dios. Vivimos en un mundo que no se preocupa por la integridad. Con frecuencia, está más interesada en la cantidad que la calidad. La gente habla medias verdades sin pensar, exagerando, haciendo comentarios que engañan y hacen que otros piensen algo que no es verdad.

Como creyentes, estamos en el mundo, pero no somos del mundo (Juan 17:11-14). No actuemos como el mundo.

Hagamos un inventario de integridad. ¿Qué significa la palabra *integridad*? Significa "adherirse firme a un código o estándar de valores".[1] Nuestro estándar debe ser mucho más alto que el del mundo. Hay ciertas cosas que no pensaríamos hacer, pero las aceptamos demasiado rápido, aun siendo hijos de Dios. A veces hacemos cosas que Jesús no haría, y Él es nuestro estándar de integridad.

Si queremos disfrutar de la prosperidad, debemos caminar en integridad. Esto significa comprometerse con una vida de excelencia, porque nuestro Dios es excelente.

La integridad significa cumplir nuestra palabra. El compromiso significa darlo todo y terminar lo que empezamos.

Mantén tu palabra, aunque te cueste. Comprométete a ser íntegra.

Haz esto:

*Evalúa el costo antes de comprometerte a hacer algo.
Analiza. ¿Lo puedes ver terminado? Sé una persona
de integridad.*

LA CONFIANZA Y
la determinación

La confianza

No es que nos consideremos
competentes en nosotros mismos.
Nuestra capacidad viene de Dios.
—2 Corintios 3:5, nvi

No importa cuán capacitados estemos, sin confianza no lograremos mucho.

¿Qué es *confianza*? El diccionario Webster dice que es "credulidad o fe".[1] También significa "esperanza firme que se tiene de alguien o algo"; "seguridad que alguien tiene en sí mismo".[2] *Confianza en sí mismo* significa creer que "soy aceptable y capaz".

Jesús dijo: "...porque separados de mí nada podéis hacer" (Juan 15:5). Eso no significa que no seamos capaces de hacer nada en absoluto, sino que no podemos hacer nada que valga la pena.

Tenemos que llegar a un estado de bancarrota total en nuestra capacidad sin Cristo. No importa lo que podamos o no hacer. Sin Dios, estamos perdidos; con Él, nada es imposible para nosotros (Mateo 19:26).

Hay dos razones principales por las cuales Dios no nos utiliza para cosas más grandes: la primera, pensamos que somos suficientes; y la segunda, no sabemos quiénes somos en Cristo.

Tratamos de lograr cosas en la carne, con nuestro propio esfuerzo, sin darnos cuenta de que sin Dios no tenemos poder. Pero si Dios está con nosotros, nuestras deficiencias naturales no importan. Somos "suficientes en la suficiencia de Cristo" (paráfrasis de Filipenses 4:13).

Todo lo que tengas que hacer, puedes hacerlo porque Cristo está en ti.

Haz esto:

Recuerda que el Señor ve tu corazón. Confía en su amor por ti. Reconoce que eres aceptada y capaz por medio de Cristo.

Confianza en la oración

Y ésta es la confianza que tenemos en él, que si pedimos
alguna cosa conforme a su voluntad, él nos oye.
—1 Juan 5:14

DEBEMOS TENER CONFIANZA en cada área de nuestras vidas. La oración es una de las maneras en que podemos mostrar que nuestra confianza está en Dios. Si oramos por las situaciones, en vez de afanarnos y tratar de solucionarlas nosotros mismos, estaremos diciendo con nuestras acciones: "Señor, confío en ti en esta situación".

Creo que muchas veces oramos y después nos preguntamos si Dios escuchó. Nos cuestionamos si hemos orado suficiente tiempo o correctamente, si usamos las frases correctas, suficientes pasajes bíblicos, y otras razones más. No hay efectividad en la oración si lo hacemos de esta manera. Tenemos que orar con fe.

Dios me ha estado animando a darme cuenta de que una oración simple, con fe, es suficiente. No tengo que repetir las cosas una y otra vez. Él escucha la primera vez. No tengo que usar palabras rebuscadas. Puedo ser yo misma, confiar que Él me escucha y me comprende.

Debemos presentar nuestras peticiones, creer que Dios nos oye y que nos contestará en el momento apropiado.

Ten confianza en tus oraciones. Cree que Dios escucha aún las más simples, como las de un niño, cuando vienen de un corazón sincero.

Ora así:

"Padre, gracias por escucharme cuando oro. Creo que ya has contestado las peticiones que te he pedido. En el nombre de Jesús, amén".

Ninguna confianza en la carne

...no teniendo confianza en la carne.
—FILIPENSES 3:3

*C*OMO HIJOS DE Dios, tenemos el privilegio de confiar en Él para todo, no solamente para algunas cosas, ¡sino para todo cuanto necesitemos! Cuando confiamos, tenemos gozo, paz y estamos libres de presión. Por otro lado, cuando depositamos la confianza en nosotros mismos, luchamos y fracasamos.

Tenemos que fijarnos una meta: No podemos tener ninguna confianza en la carne.

Se requiere de una decisión firme para no confiar en nosotros mismos. Es algo completamente natural de la naturaleza humana la confianza en sí mismos. Gálatas nos enseña que la carne se opone al Espíritu, y el Espíritu se opone a la carne (Gálatas 5:17). Si sembramos en la carne, cosecharemos destrucción (Gálatas 6:8).

Nuestra confianza (seguridad) nos pertenece, y debemos escoger en quién o en dónde depositarla. Sabemos que Jesús es la Roca, todo lo demás es arena movediza. Eso significa que somos sabios cuando confiamos en Él, la única fuente de estabilidad.

Busca crecer hasta tal punto que puedas decir: "Solamente en Cristo pondré mi confianza". Entonces, y sólo entonces, vendrá el gozo, la paz, la victoria, y sólo Él recibirá toda la gloria.

Ora así:

"Padre, deposito toda mi confianza en ti. Te entrego mi voluntad y recibo tu gozo y paz. En el nombre de Jesús, amén".

Crecer sin rendirse

...siguiendo la verdad en amor, crezcamos en todo
en aquel que es la cabeza, esto es, Cristo.
—**Efesios 4:15**

CRECER ESPIRITUALMENTE NO es fácil siempre. Se puede decir que como creyentes, tenemos que soportar los dolores del crecimiento. Debido a los desafíos de estos tiempos, a menudo, sentimos la tentación de rendirnos. Todos tenemos que reconocer el progreso que hemos hecho.

Quizás hayas estado luchando contigo misma. Sabes que tienes que cambiar. Deseas ser como Jesús. Pero te parece que no estás avanzando. Lo primero que tienes que reconocer es que estás progresando. Poco a poco, estás cambiando.

En algún momento, toma tiempo para recordar cómo eras cuando aceptaste a Cristo en tu corazón. ¡Escucha al Espíritu Santo en vez de escuchar al diablo! La manera de escucharlo es siguiendo tu corazón, no tu cabeza o tus sentimientos. Aprende a vivir más allá de tus emociones.

No te compares con otras personas. Todas tienen sus puntos fuertes y débiles. Ten paciencia contigo misma. Sigue hacia delante, creyendo que estás cambiando cada día.

¡No te rindas! ¡Estás creciendo!

> *Di así:*
>
> *"Cristo es mi vida. Estoy creciendo hacia la estatura de Él que es la Cabeza. ¡En Él tengo gozo indescriptible y estoy llena de gloria!" (1 Pedro 1:8).*

Empieza y nunca te rindas

*…prosigo a la meta, al premio del supremo
llamamiento de Dios en Cristo Jesús.*
—**FILIPENSES 3:14**

¿ALGUNA VEZ DIOS te ha indicado que debes hacer algo, y tenías la intención de hacerlo, pero todavía no lo has hecho? Las buenas intenciones no se traducen en obediencia. No has obedecido hasta que hayas hecho lo que Dios te pidió.

Te animo a empezar a moverte en la dirección correcta. Comienza a orar acerca de tu visión. Si no tienes una, ora para que el Señor te muestre tu visión, y mientras tanto, asóciate con alguien que tenga una visión definida. Acércate a una persona visionaria, de propósitos claros y metas altas, y quizás llegues a imitarle.

Comienza a moverte en la dirección adecuada. Habla cosas positivas acerca de ti y de tu vida; cree que Dios te puede utilizar.

¡Sé entusiasta! Es mejor que estar aburrida. Si Dios te ha dado una visión, debes comprometerte a realizarla, bajo la guía del Espíritu Santo. Establece metas a corto y largo plazo, y entonces acércate hacia esas metas diariamente en oración y en acción.

Las visiones no se realizan de la noche a la mañana, así que tienes que ser paciente, y seguir avanzando, aunque no haya evidencia visible del éxito por algún tiempo.

¡Empieza y no te rindas!

Haz esto:

Empieza a moverte en una dirección positiva. Da pasos de obediencia. No tengas solamente buenas intenciones. Sé una hacedora de la Palabra.

Determinación santa

He peleado la buena batalla, he acabado
la carrera, he guardado la fe.
—2 Timoteo 4:7

CREO QUE EL Espíritu Santo nos llena de determinación santa. Es algo que Dios tiene en Él, y que nos imparte por medio de su Espíritu. No somos el tipo de personas que nos rendimos o dejamos vencer fácilmente.

Tenemos que determinar que el pasado no nos vencerá, siguiendo adelante sin estancarnos.

No debemos temer a las dificultades. Las cosas de valor nunca vienen fácilmente. La definición *determinación* es: "El acto de tomar o llegar a una decisión...El atributo de ser resuelto o firme en un propósito".[1] Tenemos que ser personas decididas y mantenernos firmes en nuestras decisiones.

Si te encuentras en un estado de doble ánimo acerca de algo, te insto a preguntarte qué ha puesto Él en tu corazón desde el principio, y mantente enfocada en eso. No te vayas en otro rumbo debido al cansancio.

Creo que tienes lo que se necesita para vivir en victoria. Si has aceptado a Jesús como tu Señor y Salvador, su determinación está en ti, porque Él vive dentro de ti.

Pelea la buena batalla. Corre para ganar. Determínate a alcanzar el premio. No te rindas ni te des por vencida.

¡Tú lo puedes lograr!

Haz esto:

Apóyate de la fuerza de Dios, no de tu propia fuerza. Repite en voz alta varias veces cada día: "¡Nunca me daré por vencida! ¡Terminaré la carrera!".

El poder de la paciencia

Porque os es necesaria la paciencia, para que habiendo
hecho la voluntad de Dios, obtengáis la promesa.
—Hebreos 10:36

LA PALABRA DE Dios promete que el hombre paciente
será perfecto y completo, sin que le falte nada (Santiago 1:4).
Un hombre paciente es un hombre poderoso. Puede mantener la calma en la tempestad. Tiene control de su boca. Sus
pensamientos siguen siendo amorosos, aun cuando la conducta de la gente sea difícil.

Sin paciencia no podemos esperar el cumplimiento de
nuestra fe. No todo nos llega inmediatamente después de
creer. Hay un período de espera para recibir muchas cosas
de Dios. Durante este período, nuestra fe se prueba y purifica. Solamente si perseveramos y esperamos con paciencia
podemos experimentar el gozo de ver lo que hemos creído.

La paciencia no es solamente la capacidad de esperar, sino
también la capacidad de mantener una buena actitud mientras esperamos. No se puede evitar la espera como parte de
la vida. Pasamos mucho tiempo de nuestra vida esperando;
si no aprendemos a hacerlo bien (con paciencia), nos sentiremos muy desdichados. Dios es muy paciente con nosotros.
Debemos imitarlo.

Anímate a buscar activamente la paciencia, ésta te guiará
al poder de Dios.

Ora así:

*"Señor, ayúdame a ejercer en todo tipo de prueba, paciencia, perseverancia, resistencia y gozo (Colosenses
1:11). En el nombre de Jesús, amén".*

¡Puedes triunfar en medio de tus pruebas!

*Mas el Dios de toda gracia, que nos llamó a su gloria eterna
en Jesucristo, después que hayáis padecido un poco de tiempo,
él mismo os perfeccione, afirme, fortalezca y establezca.*
—1 Pedro 5:10

En Juan 16:33, Jesús nos dice que en el mundo tendremos tribulaciones. Las pruebas y las aflicciones parecen ser parte de la vida. Debemos aprender a triunfar en medio de ellas.

Las pruebas pueden amargarnos o mejorarnos. El diablo espera robarnos la fe y dejarnos amargados y enojados con Dios. Él quiere fortalecer nuestra fe, purificarla, para que salga como oro, desarrollar nuestra paciencia, y darnos una experiencia que ayudará a otros (1 Pedro 1:5-7)

Se nos enseña que debemos soportar las pruebas con paciencia (1 Pedro 2:20). Esto significa sobrevivir el problema. La paciencia es un fruto del Espíritu (Gálatas 5:22). No se trata de esperar solamente, sino también de cómo actuamos mientras esperamos.

Para triunfar en las pruebas, tenemos que aprender a ser estables, permanecer firmes, continuar con nuestros compromisos y caminar en el amor. Pasar tiempos difíciles y continuar actuando con benevolencia y bondad para con otros es una manera segura de triunfar en las pruebas.

Si estás en medio de pruebas, éstas no tienen que vencerte, ¡deja que te hagan más fuerte!

Di así:

"Triunfar en medio de mis pruebas, manteniéndome estable. Continuaré caminando en el fruto del Espíritu: el amor".

Llega hasta el final con Dios

Cuando pases por las aguas, yo estaré contigo; y si
por los ríos, no te abnegarán. Cuando pases por el
fuego, no te quemarás, ni la llama arderá en ti.
—Isaías 43:2

*D*IOS QUIERE QUE seamos diligentes y que lleguemos
hasta el final con Él, no que vayamos hasta donde el camino se pone difícil y paremos ahí. Uno de los desafíos más
grandes es el de enfrentar nuestras montañas en vez de tratar
de hacer otro camino alrededor de ellas.

A veces damos vueltas y vueltas alrededor de la misma
montaña, y terminamos como los israelitas en el desierto, va-
gando durante cuarenta años (Deuteronomio 2:1-3) Tenemos
que aprender a subir las montañas, llegando hasta el final con
Dios. Ese es el único sendero a la victoria.

Te animo a seguir todo el camino con Dios, por difícil que
parezca. Deja que Él haga su voluntad en tu vida. Ora que
se cumpla su voluntad, no la tuya. Dios quiere que dirijas tu
vista hacia delante, que plantes firmemente tus pies en el camino, y que sigas hasta el final.

A propósito, la actitud que asumes mientras atraviesas el
camino es lo más importante. La Palabra dice que debemos
tener gozo, porque es posible que tengamos que pasar por el
mismo camino de nuevo (Santiago 1:2-4).

Ora así:

"Padre, gracias por infundir fuerza interior en mí,
para que esté preparada y capacitada para enfrentar
cualquier circunstancia (Filipenses 4:13). En el
nombre de Jesús, amén".

La guerra

espiritual

La guerra espiritual

*Porque no tenemos lucha contra sangre y carne, sino
contra principados, contra potestades, contra los
gobernadores de las tinieblas de este siglo, contra huestes
espirituales de maldad en las regiones celestes.*
—**Efesios 6:12**

LOS ATAQUES DE Satanás contra la Iglesia son de una
naturaleza distinta a la que eran en los tiempos antiguos, diferentes en el sentido de que son más intensos que nunca. El
enemigo no usará las mismas tácticas una y otra vez, porque
una vez que se descubran, ya no serán efectivas.

Como nunca antes, hay gente que sufre tremendos ataques
en su mente. Muchos de los hijos de Dios están recibiendo
ataques de enfermedades. Otros experimentan crisis financieras. Algunos sufren ataques de pánico.

¿Cómo puedes luchar contra el diablo quien es la fuente
de estos ataques?

1. Alabar al Señor es una manera poderosa. La alabanza es una vestimenta que te protege de la derrota. Ponte la vestimenta de la alabanza.

2. Hablar la Palabra de Dios. La Palabra es una espada de doble filo. Tu mente es el campo de batalla. Cuando Satanás te dice algo, respóndele con la Palabra de Dios.

3. Permanecer en Cristo y tener comunión con Él es una de las mejores maneras de enfrentar la guerra espiritual. Escóndete en Dios, y su presencia te protegerá.

4. Caminar en amor es otra forma de guerra espiritual. Es imposible ganarle a Satanás mientras vives un estilo de vida egoísta.

¡Usa tus armas espirituales!

Haz esto:

Alaba al Señor. Habla la Palabra de Dios. Permanece en Cristo. Camina en el amor. Utiliza estas armas y comienza a luchar en una manera diferente.

El campo de batalla de la mente

*Derribando argumentos y toda altivez que se levanta
contra el conocimiento de Dios, y llevando cautivo
todo pensamiento a la obediencia a Cristo.*
—2 Corintios 10:5

Según 2 Corintios 10:3-5, la mente es el campo de batalla. Estamos en una guerra, pero es una guerra espiritual que debemos pelearla espiritualmente con armas espirituales.

Usando nuestras armas espirituales, refutamos las mentiras del enemigo, los argumentos, las teorías, los razonamientos y cualquier otra cosa que trate de exaltarse en contra de la verdad de la Palabra de Dios.

Tenemos que llevar nuestros pensamientos cautivos y no permitirnos el lujo de recibir y meditar acerca de cualquier pensamiento que nos llega a la cabeza. Tenemos que disciplinarnos para "pensar acerca de lo que estamos pensando". Esto requiere cierta disciplina y práctica.

El arma principal que usamos para la guerra espiritual es la Palabra de Dios aplicada en varias maneras: predicada, enseñada, cantada, confesada, meditada, escrita y leída. La Palabra de Dios tiene un efecto purificador en nuestras mentes en todas las formas en que la usamos.

Antes tenía una mente negativa, desorientada y siempre cuestionando. Ahora, después de muchos años de poner en práctica la Palabra, y con la ayuda del Espíritu Santo, puedo decir con confianza: "Tengo la mente de Cristo" (1 Corintios 2:16).

Tú puedes ganar la batalla en tu mente, cada fortaleza puede ser destruida y cada decepción puede ser revelada. ¡No aceptes menos que la libertad total!

Ora así:

"Gracias, Señor, por tu Palabra que renueva mi mente y me libera. ¡Tengo la mente de Cristo! En el nombre de Jesús, amén".

La batalla es del Señor

No temáis ni os amedrentéis delante de esta multitud tan
grande, porque no es vuestra la guerra, sino de Dios.
—2 Crónicas 20:15

¿Estás luchando con algunos asuntos en tu vida,
frustrada porque no puedes ganar, hagas lo que hagas?
Nunca ganarás si estás luchando tus propias batallas.

Dios no pierde ninguna batalla. Tiene un plan definido y
cuando lo seguimos, siempre ganamos.

Quizás estás en una situación ahora y necesitas escuchar a
Dios decir: "¡La batalla no es tuya, sino mía!".

¡La adoración es una posición de guerra! Al adorar a Dios
por quién es Él y por sus atributos, éstos se manifiestan en
nuestras vidas.

Adora a Dios por sus habilidades y su poder, y las verás
manifestarse para tu beneficio.

Arrodíllate y dale gracias a Dios. Asegúrate que tu corazón esté haciendo lo mismo que tu cuerpo. Las fórmulas y
las "obras muertas" nunca logran nada valioso.

Estoy segura que tu corazón, frecuentemente, se llena de
amor y adoración a Dios. Si no estás haciéndolo ya, da otro
paso más y agrega acción externa a tu actitud del corazón.

Sigue el plan de batalla de Dios. Es agradable, único y
efectivo. La alabanza y la adoración confunden al enemigo.
Toma tu posición, y verás al enemigo ser derrotado.

> *Haz esto:*
>
> *Póstrate delante de Dios y dale gracias por su bondad*
> *y su misericordia. Adóralo por quién es Él, y no sola-*
> *mente por lo que puede hacer por ti.*

Puedes ser vencedora en vez de víctima

Antes, en todas estas cosas somos más que
vencedores por medio de aquel que nos amó.
—ROMANOS 8:37

¿TE SIENTES HERIDA, física, emocional o mentalmente?
¿Sabías que puedes aumentar o disminuir la intensidad del
dolor por la manera en que lo manejas?

He aprendido de mi propia experiencia y la Palabra de
Dios que es posible ser vencedora en vez de víctima.

La clave es saber que la victoria se obtiene "por medio de
Cristo". Si tú y yo podemos aprender a depender de Dios y
recibir de Él lo que necesitamos, podemos verdaderamente
hacer todas las cosas en Cristo Jesús, quien nos fortalece (Filipenses 4:13).

Dios es más que suficiente para cualquier situación. Él ha
prometido capacitarnos y ayudarnos. Al acercarnos a Él para
tener comunión, pasando tiempo y conversando con Él de
una manera simple y familiar, empezamos a recibir fuerzas
de Él.

Lo más importante que aprendí era que tenía que depender del Señor para que me fortaleciera. También entendí
que no debía hablar ni pensar en el problema, a menos que
fuera absolutamente necesario.

Lo que sea que estás enfrentando ahora, fija tus ojos y tu
pensamiento en Cristo, y no en la situación.

Recuerda, eso también pasará.

Haz esto:

Sométete a Dios en todas las cosas. Pasa un buen tiempo de comunión con Él. Espera en su presencia, y verás que Él es más que suficiente.

¡He aquí te doy poder!

He aquí os doy potestad de hollar serpientes y escorpiones,
y sobre toda fuerza del enemigo, y nada os dañará.
—Lucas 10:19

*M*UCHOS CREYENTES SON débiles de corazón, con falta de determinación, y enfermos con una actitud de "no puedo", por lo que les falta poder.

Tú y yo no tenemos que pedir a Dios que nos dé poder. Sólo necesitamos darnos cuenta y aceptar que ya hemos recibido poder, por lo que debemos caminar en lo que ya es nuestro. Debemos desarrollar y mantener una "conciencia de poder", una actitud llena de poder y agresividad.

Dios nos ha dado poder espiritual para enfrentar la guerra espiritual. Éste se manifiesta cuando nuestra fe está firme. Cuando caminamos por fe podemos acercarnos a cada situación con una actitud de fe que vence al enemigo.

Una actitud de confianza se refleja en nosotros cuando sabemos quiénes somos en Cristo y creemos en el poder que la Biblia dice que es nuestro por medio de la fe.

¿Deseas ser una creyente poderosa? Intenta acercarte a cada situación en tu vida (sea grande o pequeña) con una fe sencilla como la de un niño, creyendo que Dios es bueno, que tiene un plan perfecto para tu vida, y que Él está obrando en tu situación.

Tú tienes poder. ¡Camina en él!

Di así:

"El que es más grande vive en mí. Estoy llena del poder milagroso de Dios. Caminaré en lo que es mío".

¡Apártate de mí, Satanás!

Someteos, pues, a Dios; resistid al diablo, y huirá de vosotros.
—Santiago 4:7

Como creyentes bajo el Nuevo Pacto, se nos enseña que tenemos autoridad sobre Satanás y los demonios (Lucas 10:19). Para tener la victoria sobre el enemigo, es vital resistir al diablo inmediatamente (1 Pedro 5:8-9).

La Biblia enseña cómo podemos tener dominio sobre las obras de las tinieblas. Debemos aprender a abrir las ventanas del cielo y cerrar las puertas del infierno.

La boca puede ser una puerta para bendición o maldición. Podemos abrir puertas equivocadas con nuestra boca, las cuales debemos cerrar de inmediato. El arrepentimiento y la aplicación de la sangre de Cristo por fe es una manera de cerrar las puertas que Satanás ha abierto, tales como: el conflicto, el enojo y la falta de perdón. Tenemos que ser prontos para perdonar; las ofensas y el conflicto son lujos emocionales que no podemos permitirnos.

La puerta del compromiso es una de las entradas favoritas de Satanás, donde poco a poco nos enreda en una telaraña de pecado que al final nos destruye.

La Biblia nos enseña la importancia de mantener una conciencia limpia y sensible. Sin el respeto apropiado por la conciencia, no gozaremos de autoridad sobre el diablo.

Recuerda: El hecho de saber lo que debes hacer no te sirve de nada, ¡a menos que lo hagas!

Haz esto:

Domina el pecado con la práctica diaria de la Palabra. Obedece la dirección del Espíritu Santo y mantén una conciencia limpia.

Aprende a aplicar la derrota del diablo

Mi pueblo fue destruido, porque le faltó conocimiento.
—Oseas 4:6

*E*L AUMENTO DEL interés en lo sobrenatural en los últimos años hace que sea más importante que nunca conocer algunas verdades fundamentales para evitar la trampa de la decepción. No todo lo que parece bueno es de Dios; no todo lo sobrenatural es espiritual.

Este no es el momento para que los cristianos metamos la cabeza en la arena.

Primero, debemos darnos cuenta de que el diablo, los demonios y los espíritus malos son reales (1 Pedro 5:8).

Segundo, tenemos que reconocer las tácticas de Satanás y conocer sus puntos vulnerables, así como él conoce los nuestros, para enfrentarlo (2 Corintios 2:11).

Tercero, necesitamos el conocimiento de nuestra autoridad y tenemos que aprender a ejercerla (Lucas 10:19). ¡Tenemos autoridad y poder para pisotear al diablo! Satanás no tiene ningún derecho a hacernos nada a nosotros. Podemos protegernos con el conocimiento de la Palabra de Dios.

Estamos viviendo tiempos muy difíciles pero claves. Solamente cuando determinamos buscar la verdad de la Palabra de Dios, por medio de predicadores y maestros ungidos, y en nuestro tiempo personal de estudio y oración, sabremos vencer con éxito el engaño del enemigo y ayudar a otros a hacer lo mismo.

¡Conoce al enemigo! ¡Aplica su derrota! ¡Tú puedes luchar con el diablo y ganar!

Ora así:

"Padre, gracias por darme autoridad sobre todo poder que posee el enemigo, para que él no me pueda dañar. En el nombre de Jesús, amén".

¿Llevas tu armadura puesta o simplemente la cargas?

Vestíos de toda la armadura de Dios, para que podáis estar firmes contra las asechanzas del diablo.
—Efesios 6:11

*D*IOS NOS PROVEE todo lo que necesitamos para caminar en victoria. Nos da la armadura y las instrucciones de cómo usarla. ¡Pero tenemos que ponérnosla, no cargarla!

Muchos creyentes llevan su armadura en el brazo, en vez de ponérsela. La acción inspirada por Dios es esencial para la vida victoriosa.

Los creyentes que son débiles de voluntad y de mente no constituyen ninguna amenaza para el diablo. Dios desea que poseamos la tierra. Pero no sucederá si no entendemos la importancia de mantenernos fuertes en el Señor y en su poder.

Tenemos que estar decididos a correr la carrera hasta el final y no rendirnos. La acción inspirada y dirigida por Dios es la clave de la victoria. Mucha gente intenta luchar en su propia fuerza, y siempre fracasan.

La fuerza viene de pasar tiempo con Dios y de sacar la fuerza de Él. La confianza en Dios y la oración son fuentes vitales de poder.

Cuando estamos en la presencia de Dios, hay un cambio divino. Cambiamos nuestra nada por su todo. Su fuerza absorbe nuestra debilidad.

Esfuérzate en el Señor. Vístete de toda la armadura de Dios. ¡No la cargues! ¡Póntela!

Di así:

"Soy creyente. Camino por la fe. La fuerza de Dios está mí para que pueda siempre vencer. Soy más que vencedora".

La Palabra, el nombre, la sangre

…porque las armas de nuestra milicia no son carnales,
sino poderosas en Dios para la destrucción de fortalezas.
—2 Corintios 10:4

CUANTO MÁS NOS acercamos a la segunda venida de Jesús, más ferozmente ataca Satanás. Trata de derrotar a la Iglesia como cuerpo y a sus miembros individualmente.

No hay ninguna esperanza para vencer al diablo sin una revelación del poder de la Palabra, del nombre y de la sangre de Cristo.

La Palabra de Dios no es solamente un arma defensiva, sino también una ofensiva. Al hablar la Palabra con fe, empleamos una espada de doble filo que destruye al enemigo.

Jesús nos dio un poder legal para usar: su nombre. El creyente que tiene fe en el poder del nombre de Jesús, y lo usa, hará mucho daño al reino de las tinieblas.

La sangre también es un arma poderosa. A través de la oración, usamos palabras para aplicar la sangre por la fe sobre todo lo que necesite protección.

La gracia de Dios nos inunda con bendiciones mientras obramos de acuerdo con la Palabra de Dios, en el nombre de Jesús, por la sangre derramada.

La Palabra, el nombre y la sangre, están primero en la lista de esas herramientas simples, pero poderosas, las cuales han sido entregadas a la Iglesia para derrotar totalmente a Satanás.

¡Usa tus armas espirituales!

Ora así:

"Padre, gracias por darme tu Palabra, tu nombre y tu sangre, para que no sea débil e indefensa contra el diablo".

CAMINAR EN
el espíritu

¿Quién está en control?

Digo, pues: Andad en el Espíritu, y no
satisfagáis los deseos de la carne.
—Gálatas 5:16

¿Quién está en control de tu vida? ¿Tú o Dios?

¿Estamos dispuestos a entregar al Espíritu Santo el control de nuestras vidas, permitiendo que nos dirija y nos guíe? La mayoría de nosotros diría que este es el deseo de nuestro corazón, pero muy pocos lo hacen. ¿Cuál es el problema?

Nuestra carne trata de asumir el control. La carta a los gálatas dice claramente que la carne se opone continuamente contra el Espíritu (Gálatas 5:17). Lo que desea la carne, el Espíritu no lo desea. Y lo que desea el Espíritu, la carne nunca lo aprueba.

Tenemos que rechazar el mal y escoger el bien. El rol del Espíritu Santo en nuestras vidas es provocarnos a tomar las decisiones correctas, pero su rol no es, y nunca será, obligarnos a tomarlas.

Dios nunca nos haría daño. Él quiere que confiemos en su dirección para simplemente obedecerlo, aunque no entendamos todo. Cuando estamos dispuestos a entregar el control de nuestras vidas al Espíritu Santo, Él nos guía a la victoria.

Deja que el Espíritu Santo controle tu vida. Te guiará a la voluntad perfecta de Dios, esto incluye bendiciones abundantes y extraordinarias, paz y gozo.

Haz esto:

Haz un inventario de todas las cosas que tratan de controlarte y empieza a resistir todo, excepto el control del Espíritu Santo.

¿Cómo puedo ser santa?

...porque escrito está: Sed santos, porque yo soy santo.
—1 Pedro 1:16

CUALQUIERA QUE AME verdaderamente al Señor anhela la santidad. Deseamos ser como Él, y Él es santo. La santidad significa estar separado para Dios. Un estado de santidad resulta en una conducta apropiada para los que hemos sido separados.

El Señor nos instruye a hacer ciertas cosas, pero también nos provee la capacidad de hacer lo que Él requiere. Luchamos y nos cansamos cuando tratamos de hacer lo que Él quiere en nuestra propia fuerza, en vez de pedir por fe su fuerza.

La semilla de la santidad está sembrada en nosotros desde que nacimos de nuevo. Cooperamos con el Espíritu Santo, regando esa semilla con la Palabra de Dios y nuestra obediencia, entonces veremos cambios positivos en nuestra conducta y en otras áreas de la vida.

Muchos cristianos pasan gran parte de su vida esperando cambiar antes de poder creer algo positivo de sí mismos. Pero las buenas noticias son que Dios ve el corazón. Tenemos el deseo de hacer lo correcto, porque Dios nos ha dado un nuevo corazón y ha derramado su Espíritu dentro de nosotros.

Cuando empezamos a creer lo que dice la Palabra acerca de nosotros, más que creer lo que vemos o hacemos, entonces nuestra conducta empieza a cambiar rápida y radicalmente.

Créelo, ¡eres santa, porque Dios es santo!

Ora así:

"Padre, gracias por hacerme santa por tu misericordia y tu gracia, y por el sacrificio y la sangre derramada de tu Hijo. En el nombre de Jesús, amén".

El maravilloso Espíritu Santo

Y yo rogaré al Padre, y os dará otro Consolador,
para que esté con vosotros para siempre.
—JUAN 14:16

Servimos a un Dios trino: Padre, Hijo y Espíritu Santo; un solo Dios, tres personas.

El Espíritu Santo es quien nos hace santos. El Padre planificó nuestra santidad, el Hijo la pagó y el Espíritu Santo la aplica. Llegamos a ser santuarios de Dios por la presencia en nosotros de Aquel quien es Santo. El Espíritu Santo es el agente encargado en el proceso de la santificación que logra hacer lo que necesita ser forjado en nosotros.

Es vital que entendamos el ministerio del Espíritu Santo para apreciarlo y cooperar con Él.

Es el Espíritu Santo que nos mueve a orar y nos enseña cómo hacerlo. Nos fortalece en el momento de necesidad. Sólo Él puede ministrar nuestro ser interior, donde necesitamos tantas veces ser consolados y refrescados mientras vivimos aquí en la tierra.

Debemos permitir que el Espíritu Santo tome el control. Nosotros solos no podemos cambiar las cosas en nuestra vida que tienen que ser cambiadas, pero el Espíritu Santo sí puede hacerlo.

Confía en el Espíritu Santo. Comienza hoy a recibir el beneficio de su ministerio. Deja que te muestre nuevas soluciones a viejos problemas.

Di así:

"El Espíritu Santo vive en mí. ¡Es mi Consolador, mi Consejero, mi Ayuda, mi Intercesor, mi Abogado, mi Fuerza y mi Compañero!".

¿Has estado demasiado tiempo en el desierto?

El Señor nuestro Dios nos habló en Horeb, diciendo: "Bastante habéis permanecido en este monte. Volveos; partid e id…"
—DEUTERONOMIO 1:6-7, LBLA

IENTRAS TENGAMOS ACTITUDES del desierto, continuaremos viviendo en el desierto. Jesús murió para que pudiéramos tener entrada en la Tierra Prometida, la tierra de la abundancia.

Era solamente un viaje de once días a la Tierra Prometida, pero los israelitas vagaron cuarenta años murmurando, gruñendo, quejándose, culpando a Moisés y a Dios por sus problemas (Deuteronomio 1:1-7). La falta de progreso se debió a la actitud que asumieron durante el viaje.

Si tomamos una buena actitud frente a una situación difícil tenemos, por lo menos, noventa por ciento de la batalla ganada. Podemos vencer cualquier cosa mientras tengamos la actitud correcta, la de Dios. Siempre habrá pruebas en la vida, pero cuando confiamos en Dios y seguimos haciendo lo que Él nos pide, seremos más que vencedores.

No tengas miedo de caminar en la luz. Mientras Dios trae a la luz tus faltas para exponerlas y removerlas, puede ser incómodo. Este tipo de incomodidad, sin embargo, es temporero.

Dios te ama mucho, y tiene un plan excelente para tu vida. Sigue al Espíritu Santo, y Él te guiará rápidamente a través del desierto a la Tierra Prometida.

Toma el camino por el cual Dios te dirige, ¡no transites por tu propio atajo!

Haz esto:

Pide que el Espíritu Santo te redarguya, para que así puedas arrepentirte y ver un cambio radical en tu vida.

Cuidado con exaltarte a ti misma

Humillaos, pues, bajo la poderosa mano de Dios,
para que él os exalte cuando fuere tiempo.
—1 Pedro 5:6

No debemos exaltarnos y gloriarnos a nosotros mismos. El verdadero ascenso proviene de Dios (Salmo 75:6-7).

Puedo darme un ascenso, pero mi experiencia ha sido que si me pongo a mí misma en un lugar, tengo que luchar para mantener esa posición. Pero si espero que sea Dios quien lo haga, entonces Él se ocupará de mantenerme allí.

Requiere paciencia esperar el ascenso de Dios, pero en esa espera, lo honramos, y Él ha prometido honrar a los que le honran (1 Samuel 2:30). Todavía no hemos visto lo que el Señor puede hacer por medio de una persona que le dé toda la gloria a Él.

Tenemos que aprender a dejar que Dios tome el liderazgo en nuestra vida diaria y en nuestro futuro. Esto refleja cuánto estamos dependiendo de Él, en nuestra disposición de esperar lo que deseamos.

Confiar en Él no significa que no hagamos nada. Significa, sin embargo, que hacemos *solamente* lo que Dios nos dirige a hacer.

Dios puede usar solamente a los humildes. El grado de humildad en que caminamos determina cuánto nos puede utilizar Dios.

¡Espera en el Señor (Salmo 27:14)! Su camino es mejor. Su tiempo es perfecto.

Haz esto:

Permite que Dios tome la dirección de tu vida. Espera en Él, y todo resultará mejor al final.

Andar en el Espíritu

Digo, pues: Andad en el Espíritu, y no
satisfagáis los deseos de la carne.
—GÁLATAS 5:16

*H*AY QUE PAGAR un precio por andar en el Espíritu. Tenemos que decir no a algunas cosas que nos gustaría decir sí, y decir sí a algunas cosas que preferiríamos decir no. Tenemos que seguir la dirección (guía, motivación, obra) del Espíritu Santo a través de nuestro espíritu.

Para andar en el Espíritu, tenemos que estar llenos del Espíritu. Esto se puede lograr cuando escogemos los pensamientos, la conversación, la compañía, la música y los pasatiempos correctos.

Para hacer la voluntad de Dios, tenemos que estar dispuestos a sufrir. Si nuestra carne desea caminar en un sentido, y el Espíritu de Dios nos guía en otro, la decisión de obedecer provocará sufrimiento en la carne.

Las buenas noticias son que si escogemos andar en el Espíritu diariamente, moriremos al egoísmo, y ganaremos la libertad para servir a Dios. Experimentaremos justicia, paz y gozo en el Espíritu Santo. Viviremos en victoria, sin importar lo que venga en contra de nosotros.

Invierte ahora en tu futuro: Camina en el Espíritu. Empieza tomar las decisiones correctas. Persiste en ello, y serás bendecida en todas las áreas de tu vida.

Haz esto:

Decide que vas a decir sí cuando el Espíritu dice sí,
y no cuando el Espíritu dice no. Crucifica tu carne y
anda en el Espíritu.

El fruto del Espíritu

Mas el fruto del Espíritu es amor, gozo, paz, paciencia, benignidad, bondad, fe, mansedumbre, templanza; contra tales cosas no hay ley.
—GÁLATAS 5:22-23

A CADA UNO DE nosotros se nos presenta una variedad de oportunidades para manifestar el fruto del Espíritu cada día. El fruto del Espíritu operando en nuestras vidas está vinculado con nuestra madurez espiritual. Dios me ha mostrado que el fruto debe ser el contenedor en donde se llevan los gloriosos dones del Espíritu.

Como cristianos, tenemos la responsabilidad de andar en integridad, "caminar en el camino", aunque nadie más se dé cuenta.

Hay momentos en la vida donde podemos encontrarnos en una relación con una persona difícil. Podemos hacer el mejor esfuerzo para ser amable, obedecer a Dios y dar el fruto del Espíritu, a pesar de la conducta de la otra persona. No debemos desanimarnos; debemos seguir adelante. Algunas de las pruebas más difíciles en nuestras vidas tienen que ver con relaciones que prueban el fruto que estamos tratando de manifestar.

Aprende a operar en el fruto del Espíritu. Dios tiene un plan bueno para ti. La manifestación de su Espíritu en ti, hace toda la diferencia para empezar pronto a vivir ese plan glorioso.

Di así:

"Permito que el fruto del Espíritu se manifieste en mi vida para que yo pueda vivir el plan perfecto y glorioso que Dios tiene para mí".

Justicia, paz y gozo en el Espíritu Santo

*Porque el reino de Dios no es comida ni bebida, sino
justicia, paz y gozo en el Espíritu Santo.*
—Romanos 14:17

*E*L REINO DE Dios no consiste de cosas mundanales, sino
de algo mucho más grande y más valioso. Dios nos bendice
con cosas materiales, pero su reino es mucho más que eso: es
justicia, paz y gozo en el Espíritu Santo.

La *justicia* no es resultado de lo que hacemos, sino de lo
que Jesús ha hecho por nosotros (1 Corintios 1:30). Cuando
aceptamos esta verdad por fe, y la recibimos personalmente,
se levanta una gran carga de nuestros hombros.

La *paz* es maravillosa, es definitivamente la vida del reino.
Debemos buscar la paz, anhelarla y perseguirla (Salmo 34:14;
1 Pedro 3:11). Jesús es nuestra paz (Efesios 2:14). La voluntad
de Dios para ti es la paz que sobrepasa todo entendimiento
(Filipenses 4:7).

El *gozo* puede ser disfrutar algo calmadamente o reírse a
carcajadas. El gozo mejora nuestra apariencia, salud y calidad
de vida. Fortalece nuestro testimonio a otros, y hace que aún
las circunstancias desagradables sean más llevaderas.

La Palabra de Dios lo dice claramente: Busca a Dios y su
reino, y Él se preocupará de las demás cosas (Mateo 6:33).

> *Di así:*
>
> *"Busco primeramente el reino de Dios: su justicia, su
> paz y gozo en el Espíritu Santo. Y todas las demás
> cosas serán añadidas".*

El poder prevaleciente del amor

Y ante todo, tened entre vosotros ferviente amor;
porque el amor cubrirá multitud de pecados.
—1 PEDRO 4:8

*N*O ES NATURAL para el hombre carnal caminar en amor hacia los demás, cuando está pasando por pruebas personales. El creyente, sin embargo, está equipado con el poder del Espíritu Santo para hacer exactamente eso.

Es la voluntad de Dios que reiremos en medio de nuestros enemigos. Si Dios remueve todos los impedimentos, nunca creceremos. Hay muchos aspectos del dominio sobre el enemigo, pero el poder prevaleciente del amor es uno de los más impresionantes para mí.

Creo que andar en el amor nos protege. Es guerra espiritual. Tenemos que emplear cada esfuerzo en el poder de la gracia de Dios para andar en un amor ferviente.

Concentrémonos en nuestro amor, estudiemos el amor, y hagamos un esfuerzo para mostrar amor a otros. Es más que una teoría, es acción. Nuestra carne no siempre quiere amar a otros, pero si queremos vencer al enemigo, debemos decir: "Ya no vivo yo, mas vive Cristo en mí" (Gálatas 2:20).

Tienes al Espíritu Santo para hacer lo que es correcto, no para hacer lo que tú quieres.

Di así:

"Yo prevalezco sobre el diablo, puedo resistirlo, y andar en el amor de Dios en cada situación y en cada circunstancia".

El poder de las palabras

Sean gratas las palabras de mi boca y la meditación de mi corazón delante de ti, oh Señor, roca mía, y redentor mío.
—Salmo 19:14, lbla

Las palabras son contenedores de poder. Tienen poder para crear o destruir. Pueden demoler o construir, animar o desanimar. No es aceptable delante de Dios cuando usamos nuestra boca para hacer daño o destruir.

Las palabras bien elegidas pueden cambiar nuestra vida. Piénsalo, podemos usar nuestra boca y el poder de las palabras para sanar relaciones o destruirlas.

Las palabras adecuadas pueden afectar nuestro futuro de una manera positiva. Podemos encontrar lo que dice la Palabra de Dios acerca de sus promesas y el futuro de nosotros como creyentes; entonces profetizaremos acerca de nuestro futuro. Podemos empezar a "llamar las cosas que no son, como si fuesen" (Romanos 4:17). Tomar palabras de fe y alcanzar el reino espiritual para traer del almacén de Dios la manifestación de las cosas que Él ha prometido.

Sabemos que las palabras pueden ser usadas adecuadamente o no. Nuestra boca debe pertenecer al Señor, y debemos ser disciplinados con lo que sale de ella. Debemos hablar sus palabras y usar nuestros labios para comunicar su mensaje.

Que tus palabras sean un instrumento para animar y no para desanimar.

Ora así:

"Señor, que las palabras de mi boca y la meditación de mi corazón sean gratas delante de ti. En el nombre de Jesús, amén".

EL MATRIMONIO
y la familia

El matrimonio: ¿triunfo o tragedia?

Las casadas estén sujetas a sus propios
maridos... Maridos, amad a vuestras mujeres...
—Efesios 5:22, 25

*N*O HAY NADA más maravilloso que un buen matrimonio, ni más miserable que una relación que no funciona. Muchos matrimonios caen en las dos categorías, pero aún más, algunos están en la categoría del medio. Son solo mediocres.

¿Por qué? ¿Podría ser que han pasado tiempo sin darle mantenimiento a su relación, sabiendo que todo necesita reparación?

Mi esposo y yo estamos muy enamorados y tenemos un matrimonio excelente. No obstante, hemos aprendido que para que siga funcionando, tenemos que darle atención regularmente. Dios nos ha ayudado a entender que cualquier cosa que no crece, está en proceso de morir.

Hay que mantener el matrimonio fresco. Diviértanse. Ríanse juntos, trabajen juntos, pero no se olviden de jugar juntos. Un equilibrio apropiado debe mantenerse, o el adversario entrará para causar problemas.

No inviertan todo su tiempo para hablar de problemas. Use la sabiduría. No enfrenten asuntos explosivos cuando uno de los dos (o ambos) está cansado o no se siente bien.

Recuerden que el amor cubre una multitud de pecados (1 Pedro 4:8). Pequeñas muestras de cariño alimentarán su amor, y ayudarán a olvidarse de las faltas y las debilidades del otro.

¡Haz tu parte para tener un matrimonio excelente!

Haz esto:

Confronta la mediocridad en tu matrimonio. Haz todo lo posible para asegurar que tu matrimonio llegue al triunfo y no a una tragedia.

Los hijos: una gran bendición y una gran responsabilidad

Instruye al niño en su camino, y aún cuando
fuere viejo no se apartará de él.
—**PROVERBIOS 22:6**

Los HIJOS SON una bendición del Señor (Salmo 127:3), pero también una gran responsabilidad. Es muy importante entender que somos mayordomos de los dones y los talentos que Dios nos ha dado, no los dueños.

Como tales, debemos buscar la voluntad de Dios para nuestros hijos y encaminarlos en esa dirección. Es necesario que nuestros hijos aprendan la diferencia entre el bien y el mal, debemos amarlos incondicionalmente y, cuando sean adultos, darles la libertad para seguir su propio corazón. Estamos para ayudar a nuestros hijos a ser todo lo que pueden ser en Cristo.

La corrección apropiada y guiada por Dios es vital para el desarrollo del niño. Corregir a un niño de una manera que no es bíblica puede ser peor que simplemente no corregirlo.

Como padres, nuestras palabras tienen un efecto dramático y, a veces, permanente en nuestros hijos. Por lo tanto, debemos tener cuidado de usar las palabras adecuadas para edificar y no para destruirlos. Debemos orar que el Espíritu Santo nos ayude a entrenar a nuestros hijos basados en la Palabra de Dios, no como el mundo lo hace, sino como Dios nos enseña.

Recuerda, si instruyes bien a tus hijos cuando son niños, cosecharás buenos frutos cuando sean adultos.

Ora así:

"Padre, dame entendimiento acerca de tu voluntad para mis hijos, para que pueda criarlos en tu voluntad. En el nombre de Jesús, amén".

Un hogar piadoso

*...para que Satanás no gane ventaja alguna sobre
nosotros; pues no ignoramos sus maquinaciones.*
—2 Corintios 2:11

TENEMOS QUE ESTAR alertas y pendientes para detectar las
estrategias de Satanás. Uno de sus blancos favoritos hoy es la
familia. El enemigo está muy ocupado tratando de causar divorcios, problemas matrimoniales, rivalidad entre hermanos, división entre padres e hijos y conflictos familiares.

Una familia fuerte, piadosa, que anda en el amor, es una
amenaza mayor para el enemigo. El plan de Dios es que haya
acuerdo, armonía y unidad; una familia unida con el propósito único de hacer la voluntad de Dios, es el arma más potente contra las artimañas del diablo. La misericordia debe
ser abundante en nuestros hogares. Los asuntos menores
deben ser pasados por alto.

Permitan que Jesús sea la Cabeza de cada área de su hogar.
Tengan algunas reglas familiares que involucre a todos en
mantener el hogar como ese lugar de paz. Aquí tienen algunas sugerencias acerca de una vida familiar en paz:

1. Hable en un tono de voz que traiga paz. Evite
   hablar con dureza.

2. Edifíquense el uno al otro, no se destruyan. Sean
   positivos.

3. Trabajen juntos para mantener el orden.

4. Diviértanse juntos regularmente. Reírse es como
   una medicina.

---

5. Muestre misericordia, perdonando libremente, porque Dios lo ha hecho con cada uno.

6. Sean lentos para enojarse y para hablar, prontos para oír.

7. Sean lentos para ofenderse.

8. No juzguen a otros.

9. Arreglen su horario para que no tengan que estar siempre apurados.

10. No se preocupen.

Ora así:

"Padre, deseamos tener un hogar piadoso. Por lo tanto, te dejamos ser Señor en cada área de nuestras vidas. En el nombre de Jesús, amén".

LA BUENA

vida

Cómo tener éxito en aceptarte a ti misma

Porque no nos atrevemos a contarnos ni a compararnos con algunos que se alaban a sí mismos; pero ellos, midiéndose a sí mismos por sí mismos, y comparándose consigo mismos, no son juiciosos.
—2 Corintios 10:12

LA GENTE QUE no se acepta, y no está contenta consigo misma, tiene dificultad en aceptar y en llevarse bien con los demás.

Si no nos queremos a nosotros mismos, no disfrutaremos de la vida. Una vez que entendamos que Dios nos ama incondicionalmente, podremos empezar a aceptarnos y esto producirá fruto en las relaciones con otros.

Toma un momento para preguntarte: "¿Cómo me siento acerca de mí misma?".

Quiero compartir diez pautas para tener éxito en aceptarte a ti misma. Creo que te ayudarán a desarrollar tu confianza en ti y a mejorar tu propia imagen como hija de Dios:

1. Nunca pienses ni hables negativamente acerca de ti.

2. Medita en cosas positivas y habla de ellas.

3. Nunca te compares con otros.

4. Piensa en tu potencial, y no en tus limitaciones.

5. Encuentra algo que te guste hacer, y que haces bien, entonces hazlo.

6. Ten la valentía para ser diferente. Agrada a Dios y no a los hombres.

7. Aprende a manejar la crítica.

8. Determina tu propio valor, no dejes que otros lo hagan.

9. Mira tus flaquezas en perspectiva.

10. Descubre la fuente verdadera de la confianza.

Haz esto:

Empieza verte como hija de Dios. Piensa y habla cosas buenas de ti misma, sabiendo que eres amada, a pesar de tus debilidades y fallas.

Una tierra de abundancia

Más acuérdate del Señor tu Dios, porque Él es el que
te da poder para hacer las riquezas, a fin de confirmar
su pacto, el cual juró a tus padres, en este día.
—DEUTERONOMIO 8:18, LBLA

DIOS QUIERE QUE prosperemos. Desea que la gente vea su bondad y su cuidado. Pero tenemos que desear a Dios más que sus bendiciones. Nos prueba para asegurar que este es el caso, antes de liberar mayores bendiciones materiales en nuestras vidas.

Si Dios nos da más bendiciones materiales de lo que podemos manejar con nuestra fuerza interior, no las manejaremos de una manera que lo glorifique a Él.

Quizás le hayas pedido a Dios un aumento de sueldo, y ahora estás en la etapa de prueba. Mantente firme y sigue dando gracias por lo que Dios ya ha hecho. ¡El aumento vendrá!

Dios quiere que prosperes de forma radical, nunca dudes de eso. Pero también quiere que seas lo suficientemente madura para que no te alejes de Él debido a las bendiciones materiales.

Siempre acuérdate de tener un corazón agradecido por cada una de las bendiciones de Dios. Expresa tu gratitud a Él. Un corazón agradecido muestra madurez y establece el hecho de que está listo para más. Nunca subestimes lo que el Señor hace por ti.

Recuerda: Dios se deleita en la prosperidad de sus hijos (Salmo 35:27).

Haz esto:

Confía en Dios para la abundancia y para nuevos niveles de prosperidad en cada área de tu vida. También confía en Él para nuevos niveles de madurez.

¡Celebra la vida!

*El ladrón no viene sino para hurtar y matar y
destruir; yo he venido para que tengan vida, y
para que la tengan en abundancia.*
—JUAN 10:10

*E*STOY CONVENCIDA DE que la mayoría de las personas
no disfruta realmente de la vida. Los no creyentes, con seguridad, no lo hacen, pero es triste ver como muchos creyentes
no han aprendido a disfrutar de la vida que Dios les ha dado.

La palabra griega para vida es *zoe*, que significa la vida de
Dios.[1] Cuando un individuo nace de nuevo, su espíritu resucita
por el aliento de vida de Dios (*zoe*). Entonces necesita aprender
a disfrutar de la nueva vida.

Tenemos que celebrar la vida, y vivirla "en abundancia".
Necesitamos dejar los problemas en las manos de Dios,
mientras gozamos de lo demás.

Aprende a estar contenta, sea cual sea tu situación. Echa
tus ansiedades sobre el Señor, porque Él cuida de ti (1 Pedro
5:7). Ora, dile a Dios cuál es tu necesidad, y dale gracias.

El pasar del tiempo trae cambio, restauración y sanidad.
No pases tu vida preocupada, quejándote, sintiéndote infeliz.
Todo cambia, aun las personas. Nada permanece igual para
siempre. Sólo Jesús nunca cambia (Hebreos 13:8).

Dave y yo siempre nos decimos en los tiempos difíciles:
"Esto también pasará". Si recuerdas este hecho, podrás estar
más contenta y tener vida "en abundancia".

Haz esto:

¡Celebra la vida! Esto es un don de Dios. Recuerda, la Biblia dice: "Háganlo todo para la gloria de Dios" (1 Corintios 10:31, NVI).

Cómo gozar de la vida diaria

Y todo lo que hagáis, hacedlo de corazón, como
para el Señor y no para los hombres.
—Colosenses 3:23

*E*N TODA NUESTRA vida, hay espacios de tiempo que debemos dedicar a lo que llamamos "vida normal" y "quehaceres cotidianos". Tendemos a ver estos quehaceres como muy diferentes a las cosas que consideramos sagradas. La mayoría prefiere las tareas sagradas por encima de los quehaceres comunes.

El hecho de ver dos lados de nuestra vida en categorías totalmente distintas, por lo general, causa un problema serio. Con frecuencia, nos sentimos divididos dentro de nosotros mismos, luchando para terminar con las tareas de la "vida normal" y con los "quehaceres cotidianos" para poder volver a los asuntos "sagrados", porque nos sentimos más santos cuando estamos haciendo lo que consideramos santo.

Todo lo que hacemos debe ser ofrecido al Señor, y si se hace con un corazón puro y amoroso, llega a ser santo. La verdadera libertad es aquella que te permite no tener que vivir una vida dividida, en la que algunas cosas están en la categoría de *comunes*, y otras en la categoría de *santas*.

El Señor es santo, y Él vive en nosotros, así que es esto lo que nos hace santos. Por lo tanto, dondequiera que vayamos, y cualquier cosa que hagamos, todo llega ser santo cuando se hace para Él.

Únete conmigo en este estilo de vida de verdadera libertad, y comienza a gozar de la vida diaria.

Di así:

"Estoy decidida a gozar de cada faceta de mi vida: 'lo normal y lo cotidiano', así como mi vida espiritual".

NOTAS

En Cristo

1. *Webster's II New College Dictionary* (Boston/New York: Macmillan, 1996), v. "substitute" *(sustituto)*.
2. *Webster's II*, v. "identify" *(identificar)*.

Reposada, refrescada, revivida, restaurada y renovada

1. *Webster's II*, v. "get" *(obtener)*.
2. *Webster's II*, v. "receive" *(recibir)*

El espíritu de ofensa

1. W.E. Vine, Merrill F. Unger, William White Jr., *Vine's Dictionary of Old and New Testament Words*, "New Testament Section", p. 441, v. "OFFENCE (OFENSA) ", A. Nombres.

La contienda

1. *Webster's II*, v. "get" *(obtener)*.
2. Diccionario Clave, v. "contencioso".

Por nada estés ansiosa

1. Vine, "New Testament Section", p. 91, v. "CAST", A. Verbos, "echar, lanzar...." *(echar)*.

En busca de paz

1. Vine, "New Testament Section", p. 558, v. "SEEK" *(buscar)*.

Sentada en lugares celestiales

1. *Webster's II*, v. " rest" *(descansar)*.
2. Vine, " New Testament Section", pp. 1,2, v. "ABIDE, ABODE," A. Verbos. *(permanecer)*.

¿Está Dios tratando contigo?

1. Vine, "New Testament Section", p. 97, v. "DISCIPLINAR, CASTIGAR, REPRENDER, REPRIMENDA," A. Verbo. "Primeramente denota 'entrenar a los hijos'... 'reprender', siendo esto parte del entrenamiento, ya sea por (a) corrección por palabras, desaprobación, amonestación...." *(disciplina)*

La integridad

1. *Webster's II*, v. "integrity" *(integridad)*

La confianza

1. *Webster's II*, v. "confidence" *(confianza)*
2. Diccionario de la Real Academia Española: http://lema.rae.es/drae/?val=confianza.

Determinación santa

1. *Webster's II*, v. "determination" *(determinación)*.

¡Celebra la vida!

1. Definición basada en el Vine, "New Testament Section", p. 367 v. "VIDA, VIVIR, TODA LA VIDA, DAR LA VIDA" A. Nombres. "Es usado en el Nuevo Testamento 'de vida como un principio, vida en el sentido absoluto, vida como Dios la tiene, la cual el Padre tiene en sí mismo, y la cual Él dio a su Hijo encarnado para que la tuviera en sí mismo...y la manifestara al mundo...'" *(zoe)*.

ACERCA DE LA AUTORA

JOYCE MEYER HA enseñado la Palabra de Dios desde 1976, y se ha dedicado al ministerio a tiempo completo desde 1980. Es autora de más de cien exitosos libros inspiradores, incluyendo *Adicción a la aprobación*, *Mujer segura de sí misma*, *Cómo oír a Dios* y *El campo de batalla de la mente*. También ha producido miles de estudios en audio, así como una biblioteca de vídeo completa. El programa de radio y televisión *Disfrutando la vida diaria*, presentado por Joyce, es difundido en todo el mundo; y ella viaja extensamente para impartir conferencias. Joyce y su esposo Dave son padres de cuatro hijos adultos y viven en la ciudad de San Luis, Misuri.

Para contactar a la autora escriba:
Joyce Meyer Ministries
P. O. Box 655
Fenton, Missouri 63026
O llame a: (636) 349-0303
1-800-727-9673

Dirección de internet: www.joycemeyer.org

Por favor, incluya su testimonio o la ayuda recibida de este libro cuando escriba. Sus pedidos de oración son bienvenidos.

Joyce Meyer Ministries—Canadá
P.O. Box 7700
Vancouver, BC V6B 4E2
Canada
1 (800) 868-1002

Joyce Meyer Ministries—Australia
Locked Bag 77
Mansfield Delivery Centre
Queensland 4122
Australia
+61 7 3349 1200

Joyce Meyer Ministries—Inglaterra
P.O. Box 1549
Windsor SL4 1GT
United Kingdom
+44 1753 831102

¡Dios te ama!

*E*N SU ESTILO personal cándido, Joyce Meyer nos anima y muestra cómo fortalecer la calidad de nuestras vidas. Ella comienza con una de las verdades más básicas que todo cristiano, nuevo o maduro, debe aprender y recordar: Dios nos ama y ha diseñado sólo lo mejor para cada una de nosotras.

En esta exquisita edición, encontrarás sobre 100 devociones, cada una con una lectura especialmente seleccionada y una aplicación práctica. Nutre tu espíritu y alimenta tu alma mientras reflexionas sobre tópicos tales como:

* Da a luz a tus sueños y visiones
* Entiende tus emociones
* El precio de la paz
* La confianza
* ¡Celebra la vida!

Si estás sedienta por más de Dios, refresca tu sed con el Devocional VIDA EN LA PALABRA.